Herbert Rosendorfer

Letzte Mahlzeiten

FolioVerlag
Wien | Bozen

Herbert Rosendorfer

Letzte Mahlzeiten

Die Aufzeichnungen des königlich bayrischen Henkers Bartholomäus Ratzenhammer

Mit alten Rezepten, neu interpretiert von Herbert Hintner, und historischen Photographien aus der Bibliothek des Tiroler Landesmuseums Ferdinandeum

Transfer CII

Die Drucklegung erfolgte mit Unterstützung
– durch die Abteilung für deutsche Kultur in der Südtiroler Landesregierung über den Südtiroler Künstlerbund.

Der Verlag dankt Roland Sila vom Tiroler Landesmuseum Ferdinandeum in Innsbruck für die Bildberatung.

Umschlagillustration: bpk (Bildagentur für Kunst, Kultur und Geschichte)

Graphische Gestaltung: Dall'O & Freunde
Druckvorbereitung: Graphic Line, Bozen
Printed in Austria

ISBN 978-3-85256-529-3

www.folioverlag.com

Inhaltsverzeichnis

Das Kochbuch

des königlich bayrischen Henkers Bartholomäus Ratzenhammer

Bei meinen Recherchen zu dem Buch „Die Nacht der Amazonen“ benutzte ich auch das Archiv des Amtsgerichts München. Das war damals aus Platzgründen in den Keller des Künstlerhauses am Lenbachplatz ausgelagert. Dort wirkte im Staub der alte Justizsekretär Derendinger, den ich kannte. Er sammelte historische Prothesen, und ich konnte zu seiner großen Freude seiner Sammlung das altungarische Spezialbruchband hinzufügen, das in seinen letzten Jahren mein Großvater getragen hatte. (Der Stolz seiner Sammlung aber war die Oberkieferprothese des Reichskanzlers Brüning.) Derendinger war zu der Zeit, als ich das Archiv für meine Zwecke durchforstete, schon längst in Pension, über achtzig Jahre alt, aber aus Anhänglichkeit an seine alte Arbeitsstätte, insbesondere an die dem Archiv benachbarte Asservatenkammer, kam er jeden Tag ins Amt, so als habe er immer noch Dienst. Dort wurden und werden alle beschlagnahmten oder sichergestellten Gegenstände aufbewahrt. Jahrelang mußte Derendinger die etwa 400 Kakteen hegen und pflegen, die als Beweismittel in einem äußerst heiklen Verfahren gegen einen betrügerischen Blumenhändler den Akten beigegeben waren, diesen aber naheliegenderweise nicht in natura einpaginiert werden konnten. Besonderns ans Herz gewachsen waren dem alten Derendinger die etwa 483 Damenunterhöschen, die bei einem Fetischisten gefunden worden waren. Um genau zu sein: Es wurden über 2000 Damenunterhöschen gefunden, darunter chinesische, brasilianische, australische, sogar antike Fabrikate, aber nicht alle Geschädigten holten die Corpus delicti wieder ab. Derendinger war wochenlang be-schäftigt, diese zu klassifizieren, zu ordnen und zu archi- vieren.

Aber ich komme, sehe ich, von der eigentlichen Sache ab. „Wissen Sie, Herr Rat“, sagte mir Derendinger, „daß in der Au das ganz alte Archiv vom Gericht liegt?“

Die „Au“, das war – und ist noch – ein Gebäude am Mariahilf-Platz im Stadtteil Au, und dieser Stadtteil hatte bis – ich glaube – 1910, man glaubt es kaum, ein eigenes Amtsgericht mit Zuständigkeit für die Bezirke östlich der Isar, heute längst eingemeindet.

„Und was ist dort?“ fragte ich.

„Aller möglicher Krempel. Zum Beispiel die alte Guillotine. Der Ratzenhammer hat ja dort gewohnt. *Gehaust* besser gesagt.“

„Wer war der Ratzenhammer?“

„Das wissen Sie nicht, Herr Rat?! Das war der letzte königlich bayrische Henker.“

Man wird verstehen, daß ich von dieser Mitteilung elektrisiert war. Noch am selben Tag begab ich mich in das alte Amtsgerichtsgebäude, fand nach einigem Herumfragen den Schlüssel zum Speicher und entdeckte nicht nur die Guillotine – sauber geputzt aber verrostet –, sondern auch in der Schublade eines morschen Schreibtisches ein Quartheft mit blauem Umschlag, auf dem oben rechts mit gestochen scharfer Schrift zu lesen war:

Bartholomäus Ratzenhammer
königl. bayr. Henker
Verzeichnis aller Henkers-Mahlzeiten [In Frakturschrift]

Korrekterweise machte ich dem Amtsgerichtspräsidenten Meldung von dem Fund. Nach Prüfung des Manuskripts erklärte der Präsident, daß es sich nur um private Aufzeichnungen handle und somit kein dienstliches Interesse daran bestehe. „Ich habe keine Einwendung dagegen, daß Sie es an sich nehmen. Und wissen Sie was", fügte er hinzu, „Sie können die Guillotine auch gleich haben." Davon machte ich allerdings keinen Gebrauch.

*

Bartholomäus Ratzenhammer war am 28. Januar 1860 in Wurmansquick in Niederbayern als drittes uneheliches Kind der Pfarrersköchin Theobalda Ratzenhammer geboren. Er wuchs im Pfarrhaus auf und wurde vom Pfarrer, Bartholomäus Laußpichler, den er „Onkel" nannte, zum geistlichen Beruf bestimmt. Seine ältere Schwester Kunigunde Ratzenhammer heiratete später einen gewissen Ernst Schrattlinger, den ersten Ballonfahrer Bayerns, der 1901 bei einer Ballonfahrt südwärts abgetrieben, noch einmal von einem Schafhirten namens Ötzl Lukas über dem Hauslabjoch gesehen wurde und dann verschwand. Teile der Ballonhaut wurden danach von der Bäuerin Kasslatter Agnes in der Völser Aicha gefunden und zu einem Sonntagsdirndl verarbeitet, das sich, hoch in Ehren gehalten, immer noch im Besitz der Familie befindet und gelegentlich bei hohen Feiertagen von ihrer Urenkelin getragen wird.

Die Ehe der Kunigunde Ratzenhammer mit dem Ballonfahrer war kinderlos geblieben. „Das liegt wahrscheinlich an der dünnen Luft da oben“, meinte der „Onkel“ Pfarrer.

Die andere Schwester, Emerenzia Ratzenhammer, geriet auf Abwege, entfloh dem Kloster, in das sie nach dem Willen des treusorgenden „Onkels“ eintreten sollte, wanderte nach Südamerika aus, wo sie zunächst als Schönheitstänzerin, später als Betreiberin eines Wachsfigurenkabinetts angeblich erfolgreich gewesen sei. Auch sie hinterließ keine Nachkommen. –

Bartholomäus Ratzenhammer wurde von seinem „Onkel“ in das Korbinianeum in Kronach gesteckt, das allerdings nach einer bischöflichen Visitation geschlossen werden mußte, weil die Druckerzeugnisse, von deren Herstellung und Vertrieb diese fromme Stiftung lebte, nicht den Erwartungen des Visitators entsprachen. Sie ließen diesem Monsignore vielmehr die Haare zu Berge stehen. Sie wurden verladen (die Druckerzeugnisse, nicht die Haare) und sollten nach Bamberg verbracht werden, wo sie allerdings nie ankamen. Mit dem Lebenslauf des jungen Ratzenhammers hatte das allerdings dann weiter nichts zu tun.

Im Korbinianeum wurde die Tradition des lateinischen Schultheaters gepflegt, und der junge Ratzenhammer spielte in einer Aufführung der Komödie *Caseicurus* des Lucius Afranius einen Koch. Er tat sich zwar schwer damit, die Rolle zu lernen, erhielt aber Szenenapplaus, nachdem er ein echtes Omelett zubereitet und durch mehrmaliges Werfen in die Luft gewendet und der Hauptdarsteller es gegessen hatte. Ratzenhammer blieb nach der Auflösung des Korbinianeum beim Kochen, ja entdeckte eine Leidenschaft dafür. Ohne je eine Ausbildung in der

Delinquent: Donald Knallfrosch
6ter auf 6ten MCMXXIII
[illegible] & [illegible]

Menü:

Fleischsalat mit Tomaten
Fleischsuppe mit Brotstück
Hamburger mit Pilzsauce
Karpfen in Gurkensaft mit Kren
Lammschulter vom Rohr mit Ofengemüse
Apfelkuchen mit Käse

Rezept für die Lammschultern:
2 Lammschultern ca. 1 Kilo & 60 deka
20 deka Gemüsefond
10 deka Röstgemüse
– für das Ofengemüse:
5 dk Petersilienwurzel, 5 dk Pastinake dto Topinambur
5 dk blaue, dto gelbe Kartoffeln, dto weiße Rüben
dto. Thymian, dto Knoblauch, Salz, Pfeffer, Olivenöl

Die Lammschulter salzen u. pfeffern. Röstgemüse & Olivenöl in einer Pfanne anbraten, die Lammschulter dazugeben und im vorgeheizten Rohr bei 180° 1 Stunde braten. Mit dem Gemüsefond fleißig übergießen, danach bei 150° 1½ Stunden unter ständigem Übergießen weiterbraten. Die L. herausnehmen u. bei 80° warmstellen, den Bratensaft durch ein feines Sieb seihen u. bis zur gewünschten Konsistenz einreduzieren lassen. Wenn nötig, vor der Reduktion das Fett entfernen.

Das geputzte Gemüse in eine beliebige Form schneiden, in einer Kasserolle mit Olivenöl bei mittlerer Hitze ./.

Kochkunst genossen zu haben, sich nur autodidaktisch vervollkommnend, heuerte er als Schiffskoch auf der Hamburg-Amerika-Linie an, lernte so die Welt kennen, wurde schiffbrüchig, überlebte – mit einer Bratpfanne – als einziger, lebte zwei Jahre auf einer Mikronesien-Insel, lehrte dort den Eingeborenen die europäische Küche, wobei er sich allerdings bei den Zutaten den lokalen Gegebenheiten anpassen mußte. Die Inselbewohner waren nämlich Kannibalen.

Ein dänisches Kriegsschiff befreite Ratzenhammer aus diesem unfreiwilligen Exil. Er ließ den Makronesiern jene Bratpfanne als Andenken zurück, mit welcher dann der Häuptling dem scheidenden Koch traurig nachwinkte.

Ratzenhammer, da bereits fast vierzig Jahre alt, hatte nun genug von der Seefahrt, kehrte ins heimische Wurmansquick zurück, mußte aber erfahren, daß seine Mutter inzwischen verstorben war, desgleichen der „Onkel“ Pfarrer. Immerhin wußte die neue Pfarrhäuserin, daß Ratzenhammers ältere Schwester, wie erwähnt, den Ballonfahrer Schrattlinger geheiratet habe und nach Regensburg gezogen sei, wußte sogar ungefähr die Adresse: „Neben St. Ulrich das gelbe Haus.“ So fuhr Ratzenhammer nach Regensburg, und als er an der genannten Kirche vorbeiging und nach dem gelben Haus Ausschau hielt, kam ein Trauerzug aus der Kirche. Offensichtlich war gerade ein Requiem beendet, und die Trauergemeinde, die nur aus vier Leuten und dem Pfarrer nebst Ministranten bestand, war mit dem Sarg unterwegs zum Friedhof. Neugierig wie jeder Koch, fragte Ratzenhammer einen hinkenden Trauergast, der etwas hinter dem spärlichen Zug zurückgeblieben war, wer denn hier beerdigt werde.

„Oh je, oh je“, sagte der Trauergast auf Schwäbisch, „traurig, traurig. Ein Kollege.“ Katzenhammer begleitete den Mann ein Stück hinter dem Trauerzug her und erfuhr dabei, dass es sich um den Henker von München handelte, der bei einem Betriebsunfall ums Leben gekommen sei.

„Hat er sich selber geköpft?“

„Noi, noi, viel schlimmer.“ Er habe sich eingebildet, eine neue Hinrichtungsart erfinden zu müssen.

„Eine elektrische. Eine Badwanne, in die der Delinquent gelegt und die unter Strom gesetzt wird. Beim ersten Versuch schon, hat's den Guten erwischt, den Kollegen.“ Und jetzt werde er zu Grabe getragen. Er, sagte der Hinkende, sei der königlich württembergische Kollege aus Stuttgart, die anderen drei seien die von Köln, von Hamburg und der große Dicke sei sogar der von Wien. „Aber jetzt muß i schaue, daß i' nachkomm'.“

„Mein Beileid“, sagte Ratzenhammer, machte kehrt, läutete zwar bei seiner Schwester (sie war nicht da, worüber er eher erleichtert war), fuhr dann schnurstracks nach München und fragte den ersten, der ihm entgegenkam, als er aus dem Bahnhof heraustrat, wo man sich melden müsse, wenn man Henker werden wolle.

Erst der dritte Befragte lief nicht sofort davon, sondern begann nachzudenken und verwies Ratzenhammer zum nahegelegenen Justizpalast. Nach einigen Umwegen gelang es ihm, die Strafvollzugsabteilung der Staatsanwaltschaft zu finden und dort die zuständige Stelle, wo er aber erfahren mußte, daß er bereits der dreiundzwanzigste Bewerber um die freigewordene Stelle war. Aber er wurde in die Liste aufgenommen und für den übernächsten Tag zur Probehinrichtung bestellt.

Bis dahin war die Zahl der Bewerber auf über dreißig angewachsen, und ebenso viele Schweine quiekten, ihr

Schicksal vielleicht ahnend, im Hof der Strafanstalt Stadelheim.

*

Der Leser wundert sich vielleicht längst, woher ich das alles weiß. Deshalb hier dieser Einschub. Mit wenig Mühe bekam ich Einsicht in den selbstverständlich immer noch vorhandenen Personalakt *Ratzenhammer, Bartholomäus königl. bayr. Jusitzvollzugs-Oberinspektor* (von anderer Hand mit anderer Tinte hinzugefügt:) *i. P.* Dort fand ich außer den hier mitgeteilten Daten die vorgeschriebene Zahl dienstlicher Beurteilungen, die alle tadellos waren, die hier eingefügten Photographien usw. sowie einen handgeschriebenen Lebenslauf von über zwanzig Seiten von solcher Ausführlichkeit und Umständlichkeit, daß er hier den Rahmen sprengen. Er wurde also von mir deshalb zusammengefaßt und kondensiert. Die Aufzeichnungen Ratzenhammers enthalten auch ausführliche, ja genüßlich geschilderte, mit (eigenen?) Photographien versehene Berichte über stark erotische Opferrituale mit kannibalischen Festessen aus seiner Zeit auf der mikronesischen Insel. (Der Verlag hat nach Rücksprache mit dem zuständigen Diözesanbischof und der Frauenbeauftragten der Bundesregierung vom Abdruck dieses Teils der Aufzeichnungen abgesehen.)

Der Personalakt enthielt auch eine Anfrage der japanischen Mandatsverwaltung des ehemaligen deutschen Kolonialbesitzes *Marshall-Inseln und Nawoda* betreffend einer Namoi Kunigunde Ratzingapamongoi „wg. Alimentenansprüchen". Was aus diesem Vorgang wurde, war aus dem Personalakt nicht ersichtlich.

*

Der aufsichtsführende Vollzugsoberamtmann Petermichl Xaver erklärte den in Reihe angetretenen Probanden, daß zwar

Porträt des Henkers als → junger Mann

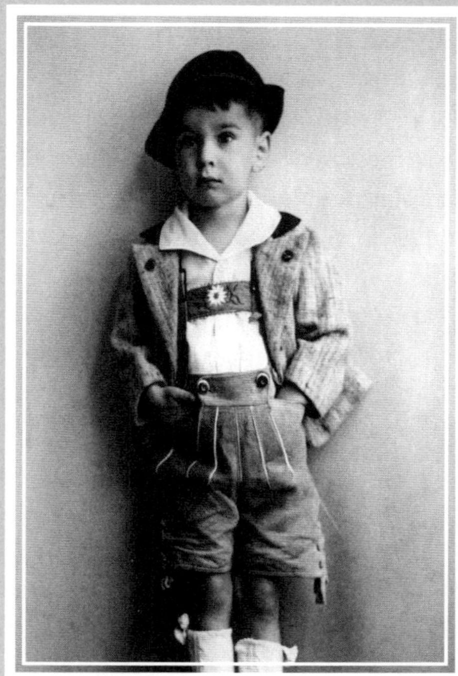

Hinrichtungen im Königreich Bayern schon seit längerer Zeit in fortschrittlicher Weise maschinell durchgeführt werden, die Prüfung allerdings werde sich auf die „gute alte handwerkliche Ebene" konzentrieren. „Schließlich", so Petermichl, „muß der Schreinerlehrling ja auch nicht seine Gesellenprüfung mit der automatischen Handsäge ablegen."

Über der Hälfte der Probanden gelang es nicht einmal das Schwein in der vorgegebenen Zeit einzufangen. Ein weiterer Teil der Probanden säbelte hilflos an den armen Tieren herum; nur wenigen gelang es, eins zu schlachten. Nur Ratzenhammer brillierte, indem er – machte das die Praxis, die er in Mikronesien erlernt hatte? – nicht nur das Schwein sofort einfing, sondern es sogleich mit einem Stich tötete und im Handumdrehen in handliche Teile zerlegte, die sofort in die Justizkantine verbracht werden konnten.

So wurde „Ratzenhammer, Bartholomäus, ledig, röm.-kath., Leumund unbeanstandet" zum königl. bayr. Henker ernannt, zunächst im Rang eines Vollzugssekretärs, dann Vollzugsinspektors, zuletzt Oberinspektors. Als solcher wurde er am 31. Jänner 1925 pensioniert, starb wenige Tage vor seinem 70. Geburtstag am 17. Jänner 1930. Er blieb unverheiratet, sodaß Pensionsansprüche von keiner Seite gestellt wurden.

*

Siebzehnmal zwischen 1901 und 1925 wurde Ratzenhammer dienstlich in Anspruch genommen. Dies geht nicht aus der Personalakte hervor, das ist vielmehr aus dem Inhalt des Heftes zu schließen, das ich auf dem Speicher des alten Amtsgerichtsgebäudes fand, denn Ratzenhammer, der leidenschaftliche Koch, ließ es sich nicht nehmen, die Henkersmahlzeiten seiner Delinquenten selber zuzubereiten, zum Teil diese fachmännisch beratend, Vorschläge machend.

Sowohl die Speisenfolge als auch die Rezepte der einzelnen Gerichte hat Ratzenhammer getreulich aufgezeichnet. Sie wurden auf Bitten des Verlages von dem berühmten Sterne-Koch Herbert Hintner aus St. Michael-Eppan in ordentliche, heutigem Standard entsprechende Form gebracht.

Da Ratzenhammer sowohl die Namen der Delinquenten als auch die Daten der Henkersmahlzeiten notierte, war es mir möglich, den – ich muss sagen: höchst mühevollen – Rercherchen auch einen Lebensabriß der Delinquenten anzufügen.

Guten Appetit! R. i. P.!

I

Samstag, 7. Dezember 1901, St. Ambrosius

Delinquent: Walter Micklmauser

In Zikagen in Ostpreußen geboren, bildete sich Micklmauser in Berlin als Tierimitator aus. Es gelang ihm, einen Schwan dermaßen naturgetreu zu imitieren, daß sich ein weiblicher Schwan in ihn verliebte, und infolge dieser naturgemäß unerfüllbaren Sehnsucht einging. Micklmauser trat dann im Zirkus Sarasani als Pferd, als Gorilla, als Papagei, als Königstiger, als Krokodil, als Kanarienvogel und als Ameisenhaufen auf. Sein Erfolg war gigantisch. Nicht nur die Menschenmassen drängten sich zu seinen Vorführungen, auch hohe und höchste Persönlichkeiten gaben ihm die Ehre, so der Reichskanzler Bismarck, der Herzog Ernst Emil von Sachsen-Donnerstag, König Ghumybal X. von Surinam, Sarah Bernhardt und Gabriele D'Annunzio sowie Andreas Hofer.[1]

Micklmauser wurde mit dem schwedischen Schwertorden, dem österreichischen Kanonenkreuz, den Palmes Académique der französischen Republik, dem bulgarischen Großkreuz vom

1 Bei diesem Andreas Hofer handelte es sich nicht um den berühmten k. k. Hoflederhosenschneider aus dem Passeiertal, der, wie bekannt, ein tragisches Ende nahm, sondern um den zufällig gleichnamigen, nicht mit ersterem verwandten Knopfharmonika-Virtuosen, der im Jahr 1892 das höchstgelegene Knopfharmonika-Konzert weltweit gab, nämlich am Gipfel der Marmolada in den Dolomiten (3.360 m). Von den drei erschienenen Zuhörern erfroren zwei.

Orden des hl. Apskessos für Verdienste um die Landwirtschaft und dem Ehrenpreis des Abwasserverbandes Dinkelscherben geehrt.

Am 7. Februar 1878 trat Micklmauser im Vatikan auf. Er imitierte eine Fledermaus, ein Stachelschwein, den hl. Ambrosius und den Palmesel. Papst Pius IX. überlebte diese Vorführung, wie man weiß, nur um wenige Stunden. Mit zunehmenden Jahren wurde Micklmauser die Tierimitation verständlicherweise immer beschwerlicher. Es gelang ihm oft nicht mehr so recht auf die Stange zu hüpfen, flügelflatternd zu zwitschern, und als 1892 seine berühmte Goldfisch-Imitation völlig danebenging, beschloß er, seine Karriere zu beenden. Leider wandte er sich dann der Züchtung bunter Mäuse zu. Es gelang ihm rote, dann blaue, dann gelbe Mäuse zu züchten, und nicht nur das, die bunten Mäuse wurden von Generation zu Generation größer, erreichten Hunde-, ja manchmal Pferdegröße. Es wuchs sich zum Skandal aus. Rote, blaue, gelbe Mäuse in apokalyptischer Größe verunsicherten die Städte und ganze Landstriche, wozu kam, daß Micklmauser ein besonders ordinäres Rot, ebensolches Blau und Gelb für seine teuflischen Züchtungen gewählt hatte.

Freilich versuchte man, Walter Micklmauser zur Rechenschaft zu ziehen. Er grinste nur sein übliches Grinsen (das hatte sich bei ihm in schöner Imitation einer Schmeißfliege eingeprägt) und sagte, er finde die bunten Mäuse schön.

So blieb nichts anderes übrig, als ihn wegen Gemeingefährdung des guten Geschmackes zum Tode zu verurteilen.

Die Hinrichtung, die erste Amtshandlung des königl. bayr. Henkers Bartholomäus Ratzenhammer erfolgte am Samstag (der damals noch ein Arbeitstag war), den 7. Dezember 1901 fünf Uhr früh, die Zubereitung des angeführten Henkermenüs am 6. abends.

Menü 1

Herr Micklmauser war u. a. auch deswegen ein so guter Imitator, weil er sich am liebsten von Kleintieren ernährte. Da die letzte Mahlzeit aber in den Winter fiel, mußte er sich bescheiden.

Menü

– Forelle als Sülze von Wurzelgemüse
(Hier muß der Koch fast
selbst kriminell werden,
da im Dezember Schonzeit ist.)

– Wachtel im Speckmantel
(Micklmauser fühlte sich bei den Kleintieren
groß und genoß dieses Gefühl.)

– Hasenrücken mit Pflaumenkompott

– Kastanienpudding
(Kastanienpudding deshalb, weil seine
Gedanken stets um seine geliebten
Mäuse kreisten.)

Hasenrücken mit Pflaumenkompott

Die Rezepte sind, wenn nicht anders angegeben, stets für 4 Personen, und zwar für den Delinquenten, den Henker, den Staatsanwalt und den Gefängnispfarrer gekocht.

Für den Hasenrücken:
2 Hasenrücken, ca. 800 g
Butterschmalz
1 Zwiebel, gehackt
1 Knoblauchknolle, gehackt
3 Lorbeerblätter
300 g Speck, gewürfelt
1 l Rotwein
Salz und Pfeffer

Für das Pflaumenkompott:
10 Pflaumen
Etwas Zucker und Zimt

Zubereitung
Hasenrücken:
Den Hasen in mittlere Stücke schneiden, mit Salz und Pfeffer würzen und in etwas Butterschmalz anbraten. Zwiebeln, Knoblauch, Lorbeerblätter, Speckwürfel dazugeben, etwas anbraten, mit dem Rotwein aufgießen. Im Rohr bei 150 Grad 30 Minuten zugedeckt schmoren.

Pflaumenkompott:
Die Pflaumen entkernen, sie mit etwas Wasser, Zucker und Zimt 10 Minuten kochen.

Anrichten:
Das Hasenfleisch herausnehmen, die Soße abseihen und einkochen. Mit den Pflaumen servieren.

II

Montag, 24. Februar 1902, hl. Abrunculus

Delinquent: Jurtik Dschassakosak vulgo Messias
Jurtik Dschassakosaks Herkunft ist nicht ganz klar. Sein Geburtsdatum gab er manchmal mit dem 31. Jänner 1831, manchmal aber 1841 oder 1843 an. Vermutlich war er Isilzike und kam als Kind mit einer der damals beliebten Truppen oder Gruppen im „Nationalkostüm" nach Europa, wo diese auf Jahrmärkten, dem Oktoberfest u. dgl. sich gegen Geld sehen ließen. Bei so einer Gelegenheit wurde der kleine Jurtik vergessen, denn seine Mutter hatte ihn in Zeitungspapier eingewickelt, und beim Abbau des isilzikischen Zeltes hatte man das Kind versehentlich beim Abfall liegengelassen.

Zum Glück für Jurtik fand ihn eine gewissen Karoline Bundschuh, Gattin eines Packpapiergrossisten aus Obersendling, die vom Mitleid ergriffen war und das Kind an sich nahm. Eigene Kinder hatte Frau Karoline Bundschuh nicht, aber ihr Gatte, der bürgerliche Packpapiergrossist und Commerzienrath Ludwig Emanuel Bundschuh, war ein bedeutender Schürzenjäger, und so wuchsen im Grossisten-Haushalt mehrere Früchte der Zuneigung des Commerzienrathes zu diversen Dienstmädchen und Köchinnen auf. Wie so häufig in gutbürgerlichen Ehen war Frau Commerzienrath froh, daß ihr Mann sie geschlechtlich unbehelligt ließ und tat im Ausgleich dazu

so, als bemerke sie die Hallodritäten ihres Gemahls nicht. So steckte die Commerzienräthin mit den Worten: „Auf einen Bankert mehr oder weniger kommt es nicht an", das Findelkind in die wohlgefüllte Kinderstube im oberen Stock.

Nun wuchs der kleine Jurtik in behüteter Umgebung auf, und es ging ihm wohl besser als es ihm gegangen wäre, wenn er bei seinen im „Nationalkostüm" umherziehenden Stammesgenossen geblieben wäre. Allerdings scheint sich sowohl der moralisch wirklich gefestigten Zuständen nicht entsprechende Familienzustand im commerzienräthischen Hause Bundschuh als auch die Tatsache auf den Knaben abgefärbt zu haben, daß die Lebensgrundlage des Hauses auf Packpapier ruhte.

Jurtik, der keinerlei Inklination zur Arbeit zeigte, behauptete er sei Künstler. Der Commerzienrath, der sich sonst um seine, wie die Gattin hinter vorgehaltener Hand zu sagen pflegte: „Brut" nicht groß kümmerte, hatte zum kleinen, langsam zum Jüngling heranwachsenden Jurtik eine gewisse Zuneigung gefaßt und erklärte deshalb, daß er ihn ausbilden lassen wolle. Aber Jurtik hatte weder Talent zum Zeichnen und Malen, nicht zur Bildhauerei und war unmusikalisch. Aber er sei Künstler, darauf bestand er.

Er fand eines Tages eine tote Maus in seinem Zimmer. Packpapier war im Haus ja genug vorhanden. Jurtik wickelte die tote Maus ein, verschnürte sie und signierte des Paket. Es sei nun ein Kunstwerk, erklärte er. Der alte Commerzienrath lachte und fand das putzig.

Aber bald nahm die Sache überhand. Jurtik wickelte alles ein, was lag und stand: das Besteck, das Geschirr, die Wanduhr, Stühle und Tische, das Dienstmädchen, das danach halb erstickt den Dienst aufkündigte, und zuletzt den Lieblingsspaniel der Commerzienräthin, was bei ihr zu einer langanhaltenden Nervenzerrüttung führte, die nur mittels eines neuen Brillianten-Colliers geheilt werden konnte.

Jurtik wurde aus dem Haus gewiesen, und er schloß sich einem Zirkus an, kehrte also quasi zu seinen ursprünglichen Wurzeln zurück. Er trat – ähnlich dem damals noch beliebten Schnellzeichner – als Schnellverpacker auf. Er verpackte und verschnürte alle Gegenstände, die ihm aus dem Publikum gereicht oder zugeworfen wurden (Zylinderhüte, Taschenuhren, Spazierstöcke, Schuhe, Zahnprothesen usf.) in kaum wahrnehmbarer Blitzesschnelle, und eine leicht bekleidete Assistentin reichte das Paket dann mit einem Knicks zurück.

Aber Jurtik verstand sein Tun nicht als Zirkusattraktion, sondern als Erlösung der Menschheit. Deshalb nahm er den Künstlernamen „Messias" an und verfaßte mehrere Schriften. In denen legte er dar, daß nur durch die Verpackung die Menschheit vor dem Verderben gerettet werden könne. Er verpackte nun auch außerhalb der Zirkusvorstellungen vor allem größere Gegenstände: Kutschen, Denkmäler, Bäume, eine ganze Pferdetramway samt Pferd und vieles mehr. Seine Lehre fand Anhänger, die ihn verehrten und bewunderten und vor allem mit Geld unterstützten, sodaß er endlich die doch letzten Endes für einen „Messias" entwürdigenden Auftritte im Zirkus beenden konnte.

Er wandte sich nun ganz großen Dingen zu. Unter dem Beifall seiner Anhänger verpackte er den Schönen Brunnen zu Nürnberg, das Goethe-Schiller-Denkmal in Weimar, den *Roland* in Bremen, die Themse-Brücke, die Freiheitsstatue, den Rheinfall bei Schaffhausen, als der im legendär kalten Winter 69/70 gefroren war, den Fünfmaster „Preußen" sowie ein Bataillon des k. u. k. galizisch-bukowinischen Dragoner-Regiments Nr. 9 „Erzherzog Albrecht“. Auch das Straßburger Münster, der Eiffelturm und zuletzt die Zugspitze waren vor der Verpackungswut des „Messias“ nicht sicher.

1895 begann Jurtik alias „Messias“, Gelder für die Verpakkung des Mondes zu sammeln. In dieser Zeit waren, wie sich denken läßt, auch höchste Kreise auf den Verpacker aufmerksam geworden. Vielfach wurden allerdings seine Tätigkeiten mit Skepsis betrachtet, nur Kaiser Wilhelm II. war begeistert. „Det is nu wirklich mal wat Neu's!“ rief er und verlieh Jurtik-Messias den Königlichen Hausorden von Hohenzollern 1. Klasse und gab ihm den Auftrag, den Panzerkreuzer „Brandenburg“ (105 m Länge, 10.000 t, 6 schwere und 16 Schnellfeuerkanonen, 552 Mann Besatzung) einzupacken. Für „Messias“ kein Problem. Schwierig war es nur, den kommandierenden Admiral zuzupacken. Der weigerte sich, und erst auf gutes Zureden des Kaisers: „Nu machen Se nich so'n Gedöhns, Mensch!“ gab der störrische Admiral nach.

Was niemand bemerkte, und was letzten Endes zur Katastrophe führte, war, daß unbemerkt einer von des Kaisers Dackelhunden, er hieß „Odin“, mitverpackt wurde, ausgerechnet einer der Lieblinge seiner Majestät.

Ja, und nun kam eine moralische Haltlosigkeit bei Jurtik-Messias zutage, die wohl auf die Prägung durch den fragwürdigen sittlichen Zustand zurückzuführen war, die in seinem, wenn man so sagen kann, Elternhaus herrschten: Jurtik-Messias verkaufte den sauber verpackten und sozusagen versandfertigen Panzerkreuzer an die Engländer.

Kaiser Wilhelm II. hätte den Versand des Panzerkreuzers verwunden, denn er hatte noch zwei weitere, nicht aber den des Dackels „Odin“. Man konnte dem Verpacker zwar nicht nachweisen, daß er den Dackel absichtlich mitverpackt hat, darum wurde er wegen fahrlässiger Majestätsbeleidigung zum Tode verurteilt.

Die Hinrichtung wurde auf den 24. Februar 1902 5 Uhr festgesetzt. Jurtik nahm die Henkersmahlzeit gefaßt, aber mit Appetit ein. Um 4 Uhr 45 traf die Begnadigung ein, unter der Bedingung, daß Jurtik den Panzerkreuzer wieder auswickle.

Menü 2

Herr Jurtik Dschassakosak konnte von seiner Obsession nicht lassen und so bestellte er alles, was verpackt, verschnürt oder sonst irgendwie eingehüllt ist.

Menü

– Blutwurst mit gesottenem Kraut vom letzten Herbst

– Rindssuppe mit eingerollter Frittate

– Rebhuhn, eingepackt in Erdäpfelscheiben

– Mohnkoch mit Sahnehaube

Mohnkoch mit Sahnehaube

Rezept für 4 Personen

50 g Butter
4 Eidotter
70 g Vanillezucker
50 g geschälte, gestoßene Mandeln
70 g Semmelwürfel
0,2 l Mohn
2 Eiklar
Sahne

Zubereitung

Man treibt die Butter mit dem Dotter ab, gibt den Vanillezucker, die geschälten, gestoßenen Mandeln, die feinen, in Milch erweichten Semmelwürfel, den fein gestoßenen Mohn und den Schnee des Eiklars dazu und siedet das Koch im Dunst. Die Sahne treibt man, bis sie fest ist.

III

Donnerstag, 22. April 1902, hl. Trudpert

Delinquent: Prof. Dr. Petronius Schlotterweiß
Es war ein reiner Zufall, daß sich im Hause der Familie Schlotterweiß die Geburt des danach Petronius getauften Sohnes gleichzeitig damit zutrug, daß die Mopshündin „Aurora“ ein Junges warf. Es ereignete sich mehrfach, daß das Kindermädchen das Mopsjunge wickelte und den Säugling in das Hundekistchen legte. Ob die Mopshündin dabei den Petronius auch säugte, konnte nicht genau festgestellt werden. Die Ähnlichkeit der beiden Neugeborenen führte die Mutter (des menschlichen Kindes, nicht des Mopsjungen) darauf zurück, daß sie sich während der Schwangerschaft an der Möpsin „versehen“ habe. „Vielleicht aber“, murmelte der unzufriedene Vater, „hat sich die Möpsin an der Frau versehen.“

Zur besseren Unterscheidbarkeit wurde dem jungen Mops ein veilchenfarbenes Band um den Hals gebunden. Später gestattete dann die respektiv verschiedene Größe, zu der die beiden heranwuchsen, die etwas leichtere Unterscheidbarkeit.

Nach einer Ausbildung als Bauchredner, die er allerdings ohne Diplom abschloß, besuchte Petronius die Akademie für Problemgestaltung, wo er zum Diplom-Großsprecher promovierte. Als Postgraduierter bezog er sodann mit einem Stipen-

dium der Hanussen-Stiftung die University of Braggart (Iowa), habilitierte sich nach seiner Rückkehr mit der Arbeit: „Die Rückerleblichkeit der Vorauserfahrung bei Kant, Schopenhauer, Brotmergel und Husserl". Im Jahr darauf wurde er von den drei Lesern dieser Schrift in seiner Wohnung aufgesucht.

Während des nachfolgenden Reha-Aufenthalts befaßte sich Schlotterweiß mit der Entibiophasie und dem Lösen von Kreuzworträtseln. Dafür wurde er vom Erbherzog von Baden mit dem Titel „Hof-Vordenker" ausgezeichnet.

Der Klinikaufenthalt nach einer Diskussion mit Studenten an der Universität Holzwickede, an der Schlotterweiß den Lehrstuhl für angewandte Schwadronistik bezogen hatte, gab ihm Muße zum Verfassen der Werkes: „Die knostische An-Kritik unomorphischer Lauthälse. Eine Betrachtung der epileptischen Empirie." Es gehörte zu den meistweggeworfenen Büchern seiner Zeit. Der Kleinherzog von Odelshausen verlieh ihm den Hausorden des hl. Spazirnius sowie den Titel „Nachdenker". (Seine Feinde und Neider freilich nannten ihn einen „Meucheldenker".)

1878 verließ Schlotterweiß Europa und blieb zunächst verschwunden, was ein allgemeines Aufatmen nach sich zog, dann aber wurde bekannt, daß er sich nach Puna in Südindien begeben hatte, wo er durch einen starken Durchfall infolge ungewohnter Kost eine (O-Ton Schlotterweiß) „Umstimmungserfahrung" erlebte. Das Ergebnis dieser Erfahrung war die Schrift: „Kritik der reinen Kohletablette". Schlotterweiß wurde in Puna Schüler des Baghwans Shara Latang, bei dem er, nach seinen eigenen Angaben, die Fähigkeit erlernte, ohne Atmen zu sprechen.

Nach Europa zurückgekehrt, erhielt er einen Ruf an die Universität von Airchaud in Frankreich. Er konnte zwar nicht

Französisch, aber das machte nichts, meinten seine Hörer, denn man verstünde ihn auch dann nicht, wenn er es könnte.

1898 bis 1902 veröffentlichte er sein Opus Magnum: die „Spärlicht"-Trilogie: „Spärlicht I: Blasen, Saugen, Mikroschwulst", „Spärlicht II: Globen oder eher nicht Globen, Makroschwulst", „Spärlicht III: Bierschäume, Badeschäume, Hirnschäume, Fatalenzologie". Dadurch brach sein Lehrstuhl zusammen. Die einzelnen Trümmer sind heute im Schlotterweiß-Museum in der Herrentoilette ausgestellt.

Schlotterweiß endete tragisch. Seine Verhaftung erfolgte, weil ihn die Polizei mit dem Serienbetrüger Adebar T. Wiesengrund verwechselte. Schlotterweiß verteidigte sich vor Gericht mit einer brillanten Rede, die allerdings so unverständlich war, daß die Richter sie für ein Geständnis hielten. Er wurde zum Tode verurteilt und am 22. April 1902 um ½ 7 Uhr morgens geköpft.

Er sei der einzige, vermerkte der Henker Ratzenhammer in seinen privaten Aufzeichnungen, der am Henkersmenü herumgemäkelt habe.

Menü 3

Als Professor glaubte er, es sich schuldig zu sein, kulinarisch zu nörgeln. Er war ein Genuß-, aber kein Kostverächter. Er suchte ständig nach Erklärungen, wann, wieso, wie groß, warum, weshalb? So war es bei der letzten Menü-Auswahl nicht anders. Er nahm sich die Freiheit, die Speisenfolge fünfmal abzuändern, bis ihm der Henker nur mehr zwei Speisen einräumte. Es war Frühling, es sollte ein Gericht mit grüner Grundnote sein: Grün die Farbe der Hoffnung „auch für die Hoffnungslosen", meinte der Delinquent.

Menü

– Bärlauchsuppe mit Kartoffel-Bries-Tartar
(Bei diesem Gericht dachte er,
das Kalbsbries könnte ihm in der anderen
Welt nützlich sein,
und mit dem Bärlauch wollte
er die bösen Geister vertreiben.)

– Heidemehlschmarren mit eingelegten Preiselbeeren
(Mit diesem Gericht lebten seine
Kindheitserinnerungen wieder auf,
und nie war ihm nach dem
Verzehr danach zu nörgeln.)

Bärlauchsuppe mit Kartoffel-Bries-Tartar
Rezept für 4 Personen

Für die Suppe:
120 g Bärlauch
150 g Sahne
150 g Gemüsefond
Salz, Pfeffer

Für das Bries:
200 g Kartoffel
100 g Kalbsbries
Salz, Pfeffer und Olivenöl

Zubereitung
Suppe:
In einem Topf mit etwas Olivenöl den Bärlauch dazugeben, kurz andünsten, mit Sahne und Gemüsefond aufgießen. 5 Minuten kochen lassen. Salzen und pfeffern, danach in den Mixer geben und fein pürieren.

Kartoffel-Bries-Tartar
Kartoffeln schälen und in feine Würfel schneiden. Kalbsbries putzen und in einem Wurzelsud 10 Minuten kochen. Die Kartoffelwürfel in einer Pfanne mit Olivenöl ohne Farbe zugeben und andünsten. Kalbsbries in feine Würfel schneiden, zu den Kartoffeln geben, abschmecken und warmstellen.

Anrichten:
Mit Hilfe eines Metallringes in der Mitte des Tellers dem Kartoffel-Kalbsbries-Tartar Form geben. Die Suppe vorsichtig dazuleeren.

IV

Donnerstag , 2. Mai 1904, hl. Athanasius

Delinquent: Joachim Nonnhübl alias Freiherr v. Wespenhold alias Graf v. Krauthausen alias Rothschild

Nonnhübl stammte aus großbürgerlichem Elternhaus. Er wurde 1858 in Germering, Landkreis Starnberg, als Sohn des Irenäus Nonnhübl geboren, der niemand Geringerer als der Erfinder des Hirschhornknopfes war. Mütterlicherseits war Nonnhübl verwandt mit der berühmten Orthopäden-Dynastie Biebling, nach dessen bedeutendstem Mitglied, Prof. Gundolf Maria Biebling, der Morbus Biebling benannt wurde, landläufig bekannt als die baltische (oder preußische) Hammerzehe.

Nonnhübl zeigte weder in seiner Kindheit noch in seiner Jugend irgendwelche Auffälligkeiten, durchlief das Max-Gymnasium in München mit durchschnittlichen Benotungen, maturierte, leistete seine vaterländische Pflicht als Einjährig-Freiwilliger beim königl. bayr. Infanterie-Regiment Nr. 7 „Prinz Leopold" ab. Er inskribierte an der Universität München in der medizinischen Fakultät und trat der Burschenschaft Cimbria bei.

Anläßlich eines Maiausflugs der Burschenschaft in den Chiemgau kehrte Nonnhübl mit einigen seiner Kommilitonen in das Gasthaus „Zum goldenen Blähhals" in Rohrdorf ein. Einer der Kommilitonen trat Nonnhübl versehentlich

auf den Fuß und sagte, da schon bezecht, mit schwerer Zunge zu Nonnhübl: „P-Pr-prdon". Die Wirtin, die später als Zeugin vernommene Gerlinde Glimmergauch, verstand „Baron" und hielt Nonnhübl, der ihr vorher schon erotisch ins Auge gestochen hatte, für einen solchen. Als Nonnhübl diesen Irrtum bemerkte, korrigierte er ihn nicht, sondern spielte die Rolle weiter. Die damals etwas über vierzigjährige, ehelich ungenügend befriedigte Glimmergauch „zerrte" – so der Angeklagte – ihn in ihr Zimmer, obwohl er, versicherte Nonnhübl glaubhaft, zu diesem Zeitpunkt noch Jüngling war. Als er das Zimmer der Glimmergauch verließ, nicht mehr.

Nonnhübl blieb eine Woche. Die Glimmergauch schwärmte vom Blauen Blut, das nun auch quasi in ihr pulsiere und so fort. Sie schlug vor, ihren Gatten, die Kinder und den Gastbetrieb des „Goldenen Blähhalses" verlassend, mit ihm, dem Baron, nach Amerika zu entfliehen. Nonnhübl willigte scheinbar ein, erbat sich eine nicht unbedeutende Summe, um die Schiffspassagen zu besorgen. Die Glimmergauch entnahm das Geld der Kasse ihres Mannes, und der „Baron" Nonnhübl verschwand damit auf Nimmerwiedersehen.

Das Studium vernachlässigte Nonnhübl, gaukelte seinen Eltern allerdings vor, er gehe ins Kolleg, während er sich in Wirklichkeit aber ich entweder in Spielbanken oder teuren Restaurants herumtrieb. Er hatte bemerkt, wie leicht sich reifere, schon etwas abgehangene Damen ihm an den Hals warfen und ihm das Geld ihres jeweiligen Mannes oder – in einigen Fällen – des eigenen Vermögens für die (immer teurer werdenden) Schiffspassagen aushändigten. Nonnhübl bediente sich dabei der Namen „Freiherr von Wespenhold" oder „Graf von Krauthausen".

So ging das jahrelang. Seinen Eltern gaukelte Nonnhübl vor, daß er fertig studiert habe, nannte sich „Dr." und behauptete, in Schwabing eine ärztliche Praxis aufzumachen. Diese „Praxis" war allerdings eine illegale Spielhölle, in der Nonnhübl mittels gezinkter Karten seine Gäste ausnahm. Das war das Zubrot. Sein hauptsächliches Einkommen aber waren die insgesamt dreihundertzweiundzwanzig Schiffspassagen, die er kassierte.

Dreihundertachtzehn der Geschädigten verzichteten auf eine Anzeige und erklärten bei den Vernehmungen im Ermittlungsverfahren, sie könnten sich an nichts mehr erinnern. Nur vier erschienen als Zeuginnen vor Gericht: die schon erwähnte Gerlinde Glimmergauch, sodann die Dachdeckermeisters-Gattin Dorothea Lämmerle aus Weil-der-Stadt, die verwitwete Stadtbaurätin Pauline Kleipisius aus Würzburg, die Medizinalratsgattin Auguste Viviana Setzwurst aus Leer und die Gutsbesitzersgattin Louise-Eugenie Freifrau von Eisenhuhn und Kodweig, geborene Gräfin Donnerstern-Worpshauff. Ihr gegenüber gab sich Nonnhübl nicht als Baron, sondern schlicht als Rothschild aus. Aus der Tatsache, daß die Baronin einem „Rothschild" das Geld für die Schiffspassagen ohne sich zu wundern, vorstreckte, schloß der Verteidiger auf den etwas beschränkten Verstand der Geschädigten. Es fiel strafmildernd ins Gewicht, konnte aber das Urteil auf die Todesstrafe nicht verhindern.

Die Vollstreckung wurde auf Bitten des Delinquenten, der darauf verwies, daß er Langschläfer sei, von 5 Uhr früh auf 5 Uhr nachmittags verlegt, sodaß die Henkersmahlzeit als Mittagessen gereicht wurde. Die Begnadigung durch Se. Königl. Hoheit, den Prinzregenten Luitpold, traf zwischen Suppe und Zwischengericht ein. Eine Eilanfrage des Henkers beim

Hofmarschallamt wurde dahingehend verbeschieden, daß die restlichen Gänge der Henkersmahlzeit verabreicht werden dürfen, allerdings gegen anteilige Kostentragung seitens des Delinquenten.. Die Todesstrafe wurde in lebenslängliche Haft umgewandelt. Dem Verurteilten wurde freigestellt, anstatt der Haft eine der Geschädigten zu heiraten. Er wählte aber die Haft.

Menü 4

Mit Nonnhübl gab es ein langes Hin und Her über die Henkersmahlzeit, sodaß Ratzenhammer schon verzweifelt ausrief: „Also dann köpf' ich Sie lieber gar nicht, bevor ich noch lang diskutiere." Da lenkte Nonnhübl ein: „Was würden Sie vorschlagen, wenn Sie Ihren besten Freund köpfen sollten?" Ratzenhammer dachte nicht lange nach und schlug vor:

Menü

– Einmachsuppe mit Hühnerleber
(Das war das beliebteste
Gericht im
Gasthaus *Goldener Blähhals.*)

– Abgeschmolzener Spargel mit Kartoffeln
(Hier gab ihm der Henker das Gefühl,
er sei ein Feinschmecker.)

– Faschierter Schweinebraten mit Blutsoße und Maisbrei
(Bei diesem Gericht dachte er an
seine Tante Traudl, hatte sie doch immer
viele Schweine in ihrem Stall,
und da sie selber metzgerte,
waren Schweinefleisch und Blut
stets vorhanden.)

– Münchner Trockenobst
(als Hommage an
die Münchner Schickeria)

Abgeschmolzener Spargel mit Kartoffeln
Rezept für 4 Personen

800 g grüner Spargel
200 g gekochte Kartoffeln in der Schale
10 Basilikumblätter
10 Petersilienblätter
5 Bärlauchblätter
1 Knoblauchzehe
Salz, Pfeffer, Olivenöl

Zubereitung

Den Spargel schälen und in gleich große Stücke schneiden. Die Kartoffeln schälen und in Scheiben schneiden. Den Spargel in der Pfanne mit etwas Olivenöl bei mittlerer Hitze ca. 10 Minuten anrösten, die Kartoffeln dazugeben und weitere 5 Minuten anbraten. Die Kräuter fein hacken, dazugeben und mit Salz und Pfeffer würzen. Auf den Teller geben.

V

Freitag, 12. Juli 1907, hl. Nebor und Felix

Delinquent: P. Cossipidus (Ottokar) Korbeder O. F.
P. Cossipidus wurde als Ottokar Korbeder, Sohn kleiner Häuslerleute, im Bayrischen Wald geboren. Er trat im Alter von sechzehn Jahren auf Drängen seiner Mutter in den Orden der *Unbeschuhten Furuncularen* in Passau ein. Er brachte es nach seiner Profeß und seiner Priesterweihe bald zum begehrtesten Prediger der ganzen Diözese. Seine Stärke war die donnernde Schilderung der Höllenstrafen, von denen er nach eigenen Angaben achtzehn neue des über hundert Höllenstrafen umfassenden, alphabetisch geordneten Registers erfand, das er im Jahr 1889 herausgab. Das Register – mit bischöfl. Imprimatur – reichte von A: „Abbrennen der Genitalien" bis Z: „Zerwuzeln der Hirnmasse".

Kurz nach Erscheinen des Buches ergriff P. Cossipidus der Gedanke der absolut sicheren Seelenrettung. Er begann mit seinen damals im Austrag lebenden, schon stark bejahrten Großeltern, Barnabas und Anna Maria Korbeler geb. Gutläuter. Er nahm ihnen an einem Abend im August die Beichte ab, reichte ihnen die Kommunion, begleitete die Alten in ihre Betten, achtete darauf, daß sie auf diesem kurzen Weg keine Sünde begingen, was dazu führte, daß der Austragbauer noch einmal beichten mußte, weil er gestolpert war und „Höllteufel“ gesagt hatte, dann legte er sie ins Bett, blieb bei ihnen, bis sie eingeschlafen waren und erschlug sie mit einem Beil, das er unter der Kutte verborgen dabei hatte.

„Sie waren“, verteidigte er sich später vor Gericht, „absolut sündenlos im Zustand seligmachender Gnade! Jawohl. Sind ohne Umweg übers Fegfeuer direkt in den Himmel hinaufgeschossen. Könnte ihnen etwas Besseres passieren?“

Die plötzliche Himmelfahrt der Austragbauern blieb unentdeckt, weil P. Cossipidus die Leichen in der Odelgrube entsorgte, nicht ohne sie vorher zu segnen. Dem Bauer und seiner Frau, den Eltern P. Cossipidi, seinem älteren Bruder am Hof und allen dort fiel zwar das Fehlen der Alten auf, aber sie hatten nicht Muße, lang darüber nachzudenken, denn es war die Zeit der Ernte und viel Arbeit. Schwieriger war es dann, die garantierte Himmelfahrt der Bäuerin, des Paters Mutter, zu verbergen. Es gelang nur dadurch, daß der Pater auch seinem Vater das schnelle Paradies verschaffte. Was deswegen schwierig war, weil dem Bauer das Beil unter der Kutte seines Sohnes aufgefallen war. Es sei eine Reliquie, erklärte P. Cossipidus, nämlich das Beil, mit dem der hl. Paulus geköpft worden sei. „Dreh dich nur zum Herrgottswinkel um, wer das Beil berührt, kriegt 3500 Tage Ablaß.“

Danach der Bruder, danach dessen Frau, die beiden Töchter des Paares. Danach im Kloster P. Cossipidi Mitbruder P. Julianus, dann P. Augustinus, dann P. Trovatius, dann den Abt, und zuletzt hatte P. Cossipidus das gesamte Kloster in den Himmel geschickt

Schließlich erledigte er in gleicher Weise drei weitere Klöster in der Diözese Passau und zwei in der Diözese Bamberg. Ein Nonnenkloster beglückte er mit sicheren Himmelfahrten durch seine Erfindung des, wie er es nannte, Vollkommenen

Gnaden-Beichtstuhls. Nach Absolution konnte P. Cossipidus durch Knopfdruck eine Spritze betätigen und dann eine Entsorgungsklappe in ein Säurebad öffnen. Er verwendete diese Erfindung dann auch für die Seligmachung folgender Dörfer und Marktflecken in Niederbayern: Regenhundling, Protztagling, Klammheimling, Knoflachreuth, Stinkwasser, Oberarschach, Unterarschach, Hinterarschach, Netmögsen, Unortl und Warmforzlet. Dort aber entkam ein junger Kuhhirte durch einen kühnen Sprung aus dem Beichtstuhl. Er verständigte die Polizei.

Daß dieser Bevölkerungsschwund nicht früher auffiel, erklärt sich teils durch die auch ohne P. Cossipidi Hilfe hohe Sterblichkeit in jenen Gegenden infolge unbekannter Hygiene, des weitverbreiteten Odelgestankes und der dort üblichen Nahrung, außerdem durch die schlechten Nachrichtenverbindungen, und daß man in der Hauptstadt meist nichts glaubte, was in jenen hinterwäldlerischen Bezirken gemunkelt wurde.

Bei seiner ersten Vernehmung schon gab P. Cossipidus freimütig, ja stolz alles zu, erklärte dabei, daß er stets, bei jedem einzelnen Opfer bitterlich geweint habe.

In der Untersuchungshaft fertigte P. Cossipidus eine Verteidigungsschrift an, in der er über vierhundert Bibelstellen zitierte, die seine himmelsweisenden Wohltaten rechtfertigten. Es gelang ihm, den Generalvikar zu retten, den der Bischof zu ihm in die Armensünderzelle geschickt hatte. P. Cossipidus betete mit dem Generalvikar, sie gaben einander gegenseitig die Absolution, und als der Prälat sich umdrehte, um aus der Zelle zu gehen, erschlug ihn der Pater mit dem Abtrittkübel.

Vor seiner Hinrichtung, die für den 11. März 1907 um 6 Uhr früh angesetzt wurde, schlug er dem Henker vor, seinerseits ihn nach Beichte, Absolution usw. hinzurichten, wobei er die ewige Seligkeit garantiere. Der Henker lehnte dankend ab.

Am Abend vor der Hinrichtung fragte der Henker wie üblich nach dem Menüwunsch des Delinquenten und fügte jedoch hinzu: „Sie werden wahrscheinlich fasten wollen?“

„Sonst noch etwas! Ich habe gefastet, daß sich die Balken gebogen haben. Jetzt will ich dreinhauen. Also: erstens ... und zweitens ...“ Dem Wunsch des Paters, der zeitlebens keusch gelebt habe, die Gelegenheit zur Henkersunkeuschheit zu geben, wurde nicht entsprochen.

*

Genau am siebenten Jahrestag des Todes von P. Cossipidus ereignete sich an der oben erwähnten Odelgrube ein Wunder. Die Brunnen-Wirtin von Hauzenberg, eine gewisse Cordula Hirnschwandtner, litt seit Jahren unter Kongestionen. Sie sah, wenn sie die Augen schloß, stets ein Huhn mit zwei Köpfen. Sie bat den verewigten P. Coipidus um Beistand, und sofort waren die Kongestionen verschwunden, kamen auch nie wieder. 1941 wurde das Seligsprechungsverfahren eingeleitet.

Menü 5

P. Cossipidus war Vegetarier. Er war fest davon überzeugt, daß Tiere erlösungsfähig seien, d. h. eventuell in den Himmel kämen. Er fürchtete daher, von einem Tier zu essen, dessen Seele er womöglich im Jenseits begegnen könnte. Krautköpfen und Kartoffeln billigte er keine Seele zu. War das inkonsequent? Ja, nun, aber irgend etwas mußte er essen.

Menü

– Brotsuppe mit Eierstich und Liebstöckel
(Bei diesem Gericht dachte er an den Garten seines Bruders,
wo eine richtige Liebstöckel-Pracht
zu sehen war. Er aß es gern roh zur Reinigung
von sündigen Gedanken.)

– Nudeln mit Krautsauce

– Blumenkohlschnitzel mit Käse überbacken
(Er liebte geschmolzenen Käse,
weil er an das hinschmelzende,
sündige Fleisch dachte.)

– Beeren aus dem Walde mit sauer gewordener Sahne
(Dieses Gericht heiterte ihn noch
einmal auf. Waren es doch die letzten
Stunden seines Lebens.
Er erinnerte sich gern an den
Rand des Bayerischen Waldes, wo
er Beeren pflücken konnte,
so viel er wollte, und dieses Gefühl
mochte er zum Abschied nochmals genießen.)

Blumenkohlschnitzel mit Käse überbacken
Rezept für 4 Personen

600 g Blumenkohl
200 g Schmelzkäse (Mozzarella)
10 Minzeblätter
Salz, Pfeffer und Olivenöl

Zubereitung

Den Blumenkohl in mittlere Scheiben schneiden. In einer Pfanne mit Olivenöl auf beiden Seiten bei mittlerer Hitze 5 Minuten anbraten. Die Mozzarella in Würfel schneiden, Minze fein hacken und vermischen. Den Blumenkohl auf die Teller verteilen, mit der Mozzarella bestreuen und überbacken.

VI

TAG, 24. 1. 1908, hl. Trovasius

Delinquent: Gustav Willibald Schüttelgrütz
Nach völlig unauffälliger Kindheit und Jugend, die Schüttelgrütz in Linnenleggen als sechstes Kind und vierter Sohn des dortigen behördl. vereidigten Bezirkslaberers verbrachte, erkannte er im Alter von 19 Jahren, daß er die Gabe des Totbetens besaß. Schüttelgrütz, der sich auf dem Weg nach Köln befand, um sich nach dem Willen des Vaters zum Karnevalisten ausbilden zu lassen, aß in der Wartezeit beim Umsteigen in der Kreisstadt in der Bahnhofsgaststätte zwei *Eier im* Glas, für die die Kellnerin den nach damaligem Geldwert horrenden Preis von 1 M 50 verlangte. „Auf der Karte steht: 50 Pf.!" begehrte Schüttelgrütz auf. Die Kellnerin begann zu schimpfen, ein dieser offenbar nahestehender Auswurf der Gesellschaft packte den tobenden Schüttelgrütz am Kragen und beutelte ihn, bis er zahlte. Schüttelgrütz verließ, an allen Gliedern schlotternd, die Bahnhofsgaststätte, bemerkte, daß er durch den Vorfall den Anschlußzug versäumt hatte, ging, da der nächste Zug erst in drei Stunden abfuhr, in die nahegelegene Ambrosius-Kapelle und betete achtundvierzig heiße Gebete zu dem Heiligen, daß er diese Ungerechtigkeit bestrafen solle.

Als Schüttelgrütz zum Bahnhof zurückkehrte, um die Gast-

stätte eine weiten Bogen machte, aber diese doch aus der Ferne beobachtete, sah er, wie die betrügerische Kellnerin und der gewalttätige Auswurf vor die Tür traten, offenbar, um sich dort voneinander zu verabschieden. Der Auswurf ging der Kellnerin ans Mieder, worauf Schüttelgrütz leise sagte: „Ambrosius: jetzt!"

Da kam entgegen der üblichen Gewohnheit bei Blitzen ein solcher ganz langsam aus einer niedrigen Wolke, fuhr erst dem Auswurf in die Nase, verschwand in ihm, blähte ihn auf, fuhr aus dem Hosenschlitz wieder heraus, von unten der Kellnerin in den Rock, sprengte ihr die Kleidung vom Leib, der, nun völlig nackt, zu glühen begann, sich gleichfalls blähte und dann zersprang. Die Sekunde darauf zersprang auch der Auswurf. Zwei Aschenhäufchen blieben auf dem Pflaster liegen.

Schüttelgrütz erschrak, wie man sich denken kann, war im Grunde genommen aber befriedigt, obwohl er bedauerlicherweise das zuviel bezahlte Geld nicht zurückbekam. –

In Köln betrieb der, wie die Zeugnisse vermerkten, ruhige und strebsame junge Mann seine Studien in Karnevalismus und bot zu schöner Hoffnung Anlaß. Mit 21 Jahren verlobte er sich mit der Tochter Appolonia eines bürgerl. konz. Krempelsetzers aus Rösrath und verbrachte – in Züchten und untadelig – öfters die freien Tage dort. Bei einem Familienausflug in das Siebengebirge klagte der Krempelsetzer, er hieß Bingolf Maria Schwarte, daß er ja gern die eheliche Verbindung seiner Tochter mit dem angehenden Karnevalisten sehe, aber leider nicht in der Lage sei, eine Mitgift aufzubringen. Man warte schon lange auf das Erbe seitens des unverheirateten Onkels Franz, welches Erbe für die Mitgift Appolonias vorgesehen sei. Aber leider habe sich der Onkel, obzwar 91

Jahre alt, im Altersheim mit einer – „springlebendigen" so Vater Schwarte mit bitterer Ironie – 83jährigen verlobt, und daher sei das Erbe in weite Ferne gerückt, ja sogar „den Bach hinunter" (so Schwarte), wenn der alte Esel womöglich auch noch heirate.

Da erinnerte sich Schüttelgrütz an den Vorfall damals beim Umsteigen und der zwei *Eier im Glas* und sagte: „Das werden wir gleich haben."

War es Schicksal? Unerforschlicher Ratschluß des Weltgeistes, daß eine Seitenkapelle der Pfarrkirche des Dorfes Schorfknattel, das man eben durchwanderte, dem hl. Ambrosius geweiht war? Schüttelgrütz hieß die anderen warten, trat in die Kapelle und betete. Er spürte, daß es sehr schwer ging. Es kam ihm vor, als ob er gegen eine Mauer anbete. (Es war aber, wenn man so sagen kann, ein Fettberg, denn später machte Schüttelgrütz die Erfahrung, daß es desto schwieriger war, eine Person tot zu beten, je dicker diese war.) Aber dann spürte Schüttelgrütz plötzlich einen Ruck –

Man erfuhr, daß Onkel Franz mit seiner Verlobten in trauter Zweisamkeit „Schiffe versenken" spielte, als ein Blitz ganz langsam in seine Nase fuhr, sich teilend aus allen Körperöffnungen wieder herausfuhr, den Onkel in die Höhe hob, zu Asche verbrannte und diese aus dem Fenster blies. Die Verlobte zog sich vor Schreck eine Gürtelrose zu. –

So stand der Hochzeit nichts mehr entgegen. Schüttelgrütz machte seine Prüfung zum Dipl. Karnevalisten mit Auszeichnung. An Weiberfasnacht wurde geheiratet.

Aber der eheliche Friede dauerte nicht lange. Viel zu oft für Schüttelgrütz' Gefühl kamen die Schwiegereltern in das junge Heim. Der Schwiegervater litt an starken Blähungen, die auf eine Sonnengeflechtsschwellung in früher Jugend zurückzuführen waren, die Schwiegermutter soff. Als sie die letzte Flasche Bier, die Schüttelgrütz für seinen Schlaftrunk vorgesehen hatte, mit untrügerischer Säufernase doch entdeckt und heimlich ausgetrunken hatte, sagte sich Schüttelgrütz: „Das ist zuviel, du hast ausgezwitschert“, trat vor seine dem hl. Ambrosius geweihte Hauskapelle und betete –

Diesmal platzte nicht die Kleidung weg, vielmehr verpuffte die Schwiegermutter in der Kleidung, und diese blieb für einige Augenblicke in der Luft stehen, bis auch sie zu Asche zerfiel.

Der Schwiegervater mußte über diesen Anblick fürchterlich lachen, aber Appolonia fand es gar nicht lustig, verließ das Haus, und so ging die Ehe in die Brüche.

Schüttelgrütz verwand diesen Schlag nie, auch nicht, als er erzbischöflicher Dom-Karnevalist wurde und zum königl. Preußischen Geheim-Karnevalisten ernannt wurde. Er suchte Zerstreuung in Spielhöllen. Leider verlor er immer. Es half auch nichts, daß er einen Croupier in Wiesbaden, zwei in Bad Neuenahr und einen in Baden-Baden totbetete. Das Geld bekam er nicht zurück. Aber er lernte in Baden-Baden den russischen Fürsten Wladimir Sergejewitsch Psowskij kennen, der darüber klagte, daß seine ihm angetraute, mit den Jahren fett am Leibe gewordene Jelisaweta Fjodorowna, geborene Gräfin Njerv-Sjegowa, seinem Lebensglück mit der Bühnenkünstlerin Rosalbina Dal Monte im Wege stehe. Schüttelgrütz erklärte sich bereit, für eine bedeutende Summe (die Rede ist von 150.000 Goldrubel) die Sache zu bereinigen. Es gelang eine fast verfallene Waldkapelle in der Nähe des Badeortes von einem inkognito mit seiner „Sekretärin“ zur „Kur“ hier weilenden Cardinal auf den hl. Ambrosius umweihen zu lassen, worauf Schüttelgrütz die Fürstin totbetete. Sie explodierte im Badezimmer des Hotels „Augusta-Quelle“, was, aber das ist eine andere Sache, zu unschönen Auseinandersetzungen mit der Hoteldirektion führte.

Der Fürst erzählte die Sache hinter vorgehaltener Hand der Fürstin Alexandra Jewgrawowna Matschakerska, die ihrerseits mit einem störenden Gatten, dem Fürsten Boris Rostislawowitsch Matschakerskij, behaftet war, der ihre – nun ja – Gespräche mit dem sehr ansehnlichen Sekond-Leutnant, Grafen Carl Oskar Borstenskjöld störte. Die Fürstin zahlte 73.000 Goldrubel. Der Cardinal, der wegen der Umweihung jener Kapelle davon erfuhr, wollte die Beseitigung seines schärfsten Konkurrenten bei der infolge galoppierender Hinfälligkeit des Papstes bald zu erwartenden Papstwahl mit der Erteilung von einer Million Tage vollkommenen Ablasses sowie der Ernennung zum päpstlichen Haus-Karnevalisten bezahlen. Schüttelgrütz verlangte aber zusätzlich 100.000 Gold-Lire, die der Kirchenfürst dann seufzend hinblätterte.

Er wurde aber doch nicht Papst, denn Leo XIII. erholte sich wieder, und der Cardinal fiel bei der Flucht aus dem Fenster der vatikanischen Pinakothek. Er hatte Raffaels „Madonna di Foligno“ abzweigen wollen, um Schüttelgrütz’ „Honorar“ zu bezahlen, und war von einem Kustoden erwischt worden. Den Papst totzubeten, weigerte sich Schüttelgrütz, weil er befürchtete, sagte er, daß der bekannt tückische Pecci-Papst zurückbete. –

Es war nicht zu vermeiden, daß sich die Nachrichten von der Fähigkeit Schüttelgrütz’ im Geheimen verbreiteten. So manch überraschender Todesfall dieser Jahre ist auf einen Auftrag zurückzuführen, der ihn auf verstecktem Wege erreichte. Das Totbeten Bismarcks 1898 (nach Auftrag von Kaiser Wilhelm II.) brachte Schüttelgrütz dem Vernehmen nach eine Million Goldmark und den Titel des königl. preußischen Kammer-Karnevalisten ein. Zum Verhängnis wurde Schüttelgrütz aber die Abneigung Kaiser Wilhelms II. gegen die Bayern. Um das Haus Wittelsbach zu ärgern, beauftragte er 1907 den Schüttelgrütz, nicht den Prinzen Ludwig selber – den späteren König Ludwig III., genannt „der Millibauer" (= Milchbauer) –, aber immerhin dessen Lieblingskuh „Palme" totzubeten. Die Kuh verstarb ganz unvermutet und kerngesund in den Armen des von da untröstlichen Königs. Die bayrische Justiz setzte alle Hebel in Bewegung, um Schüttelgrütz' habhaft zu werden, und das gelang mittels eines vergifteten Gamsbartes, der, ein Danaergeschenk, dem Totbeter zugestellt wurde, ihn bewußtlos machte, worauf er in Ludwigstadt über die bayrische Grenze entführt und wegen Fleischessens in der Fastenzeit zum Tode verurteilt wurde.

Schüttelgrütz äußerte während des Henkersmahls mit Ratzenhammer, der auf des Delinquenten ausdrückliche Bitte mitaß, daß er befürchte, das Köpfen könne schmerzhaft sein. Der Henker versuchte seine Bedenken zu zerstreuen. Es gelang offensichtlich nicht, denn als man zur festgesetzten Hinrichtungsstunde die Armsünderzelle – am 24. 1. 1908 um 5 Uhr – öffnete, stellte man fest, daß sich Schüttelgrütz selber schmerzfrei totgebetet hatte.

Menü 6

Schüttelgrütz war nicht nur, was wenige wußten, ein wahrer Genießer, sondern auch sorgsam darauf bedacht, die kulinarisch-spirituelle Grundlage des Totbetens zu berücksichtigen. Konservierte, eingelegte oder eingemachte Zutaten lehnte er ab, denn nur die absolute Frische garantiert, merkte er nach und nach, die durchschlagende Wirkung des Totgebetes. Er kochte auch gern selber, besorgte sich die frischesten Dinge beim Bauern – u. U. ohne Rücksicht auf die Fastenzeit, was ihm schließlich zum Verhängnis wurde.

Menü

– Suppe mit Frittatennudeln

– Kartoffel-Sauerkraut-Soufflé mit Selchfleisch
(Er schrieb dem Sauerkraut
hochgradig erfolgsfördernde Kräfte zu.)

– Gerollter Kalbsnierenbraten mit Linsen
(Dieses Gericht wählte er, weil
ihn das Schreien der Kälber nach Mutter-
milch zu Tränen rührte und
weil er gerne,
was leider nicht ging, die Kälber
schmerzlos totgebetet hätte.)

– Linzertorte
(wählte er, weil der Großmeister allen
Totbetens die Stadt Linz
als seine Heimat betrachtete.)

Kartoffel-Sauerkraut-Soufflé mit Selchfleisch
Rezept für 8 Personen

Für das Soufflé:
300 g mehlige Kartoffeln
150 g Sauerkraut
2 ganze Eier
20 g Kartoffelmehl
3 Eiweiß
Salz und Pfeffer

Für das Selchfleisch:
200 g Selchfleisch
50 g Zwiebel, gehackt
Etwas Olivenöl und Butter
Petersilie, gehackt

Zubereitung
Soufflé:
Die mehligen Kartoffeln in der Schale weichkochen, schälen, durch ein Haarsieb streichen und auskühlen lassen. Das rohe Sauerkraut fein schneiden, die ganzen Eier und das Kartoffelmehl dazugeben und alles gut vermischen. Eiweiß zu Schnee schlagen und vorsichtig unterheben. In Förmchen abfüllen und im vorgeheizten Ofen bei 150 Grad 15–20 Minuten backen.

Selchfleisch:
Selchfleisch in feine Würfel schneiden, in Olivenöl mit der gehackten Zwiebel kurz andünsten und mit etwas gehackter Petersilie abschmecken.

Anrichten:
Die Selchsauce in die Mitte des Tellers geben und das Soufflé drauflegen.

VII

Mittwoch, 5. Februar 1908, hll. Ingenuin und Albuin

Delinquent: Lutz Prinkler

Lutz Prinkler stammte aus einem der hintersten Täler, in denen die Fähigkeit aufrecht zu gehen, erst relativ spät erreicht wurde. Prinkler, auch der Tolm-Lutz genannt, von einer Kernigkeit im Aussehen und im Gemüt, die selbst in den besagten hintersten Tälern ihresgleichen findet, war stets braungebrannt, legte jede Touristin flach, die sich ins Tal verirrte und erfand eine Art Kopfbedeckung, in der er Form und Farbe seiner geliebten Berge nachbildete: den später weitverbreiteten Prinkler-Hut.

Ja, die Berge waren sein Leben. Da er im Tal doch schon aufgefallen wäre, wie noch sein Großvater auf allen Vieren herumzulaufen, kraxelte er, sozusagen alle Viere zur Senkrechtbewegung nutzend, auf den Felsen herum. Er erlangte erstaunliche Fertigkeit darin, entging auch ein paar Mal nur knapp dem Abschuß durch Jäger, die ihn für eine Gemse hielten.

Wie man weiß, kamen die Alpen, diese unwirtlichen, von gefährlichen, mit Donnerbüchsen um sich ballernden, zwar getauften, aber kernheidnischen Troglodyten bewohnten Gegenden eines Tages für den Tourismus in Mode. Die Stadtleute reisten – zunächst mühevoll in der Kutsche oder auf Saumtieren, später bequemer im Zug – in diese senkrechten Tundren und ahmten alles nach, was sie dort fanden: banden sich Haarbüschel auf den Hut, stießen unartikulierte Schreifolgen aus, aßen holzwollartige Kugelgerichte, kleideten sich in sperrholzsteife grüne Anzüge und dergleichen mehr, vor allem aber krochen sie auf allen Vieren auf die Berge.

Die Obrigkeit beobachtete dies mit Sorge, und man fragte sich in den Ministerien bereits, wie lang man diesen Mißstand noch dulden könne. Um diese Zeit war aber jene Unsitte schon so weit verbreitet, daß ihr nicht mehr Einhalt geboten werden konnte. So wütete also dieses Erbe des Prinklers weiter. Ein Problem für den Tolm-Lutz – um diesen Kosenamen zu gebrauchen – war der Winter. Wenn die ohnedies ungünstig, da ohne Stufen, oft steil abfallend, bröckelig und noch dazu unschön gestalteten Berge mit Schnee bedeckt waren, war es nahezu ausgeschlossen, dort auf allen Vieren zu gehen.

Da kam aber eines Tages ein norwegischer Landbriefträger in die Alpengegend, traf unglücklicherweise auf Lutz und erzählte ihm, daß man auch und gerade in Norwegen, das eigentlich unbewohnbar sei, mit dem Phänomen Schnee zu kämpfen habe, der auf norwegisch – sinngemäß übersetzt – „weißer Dreck" heißt. Er als Landbriefträger habe eine Lösung gefunden, um die Post auch im Schnee zum Empfänger zu bringen, obwohl das eigentlich alles Quatsch sei, höchstwahrscheinlich, was da in den Briefen zusammengekritzelt wird. Aber sei's drum. Er habe in einer alten Sage gelesen, daß es den germanischen Gott Ullr gegeben habe, einen Gott-Gnom, der sei mit zwei Brettern an den Füßen die schneebedeckten Berge hinabgesaust. Solche Bretter, sagte der Norweger, benutzt er seitdem.

Die Idee fiel bei dem gewissenlosen Prinkler auf fruchtbaren Boden. Er entwickelte eine gigantische Idee, ja eine Vision, die ans Apokalyptische grenzt: Alle Menschen werden verpflichtet, im Winter solche Bretter zu kaufen, dazu gewisse Stöcke sowie Helme, schlauchbootgroße Fußrüstungen, die entfernt an Schuhe erinnern, Ganzkörperfederbetten und dergleichen. Riesige Schneisen wurden in die Flanken der Berge geschlagen, um Platz für das Hinabsausen zu schaffen u. s. f. Aber wie steigt man hinauf? Die unselige Gravitation $F = G \frac{m_1 \cdot m_2}{t^2}$ verhindert, daß man aufwärts sausen kann. Prinkler erdachte Omnibusse an Drahtseilen und ähnliche Schauerlichkeiten, mit deren Hilfe man hinauf auf den Berg gelangt, nur zu dem sinnlosen Zweck, so schnell wie möglich auf den Ullr-Brettern wieder zu Tal zu kommen.

„Das kostet Millionen“, sagten die Tourismus-Verantwortlichen, „wer soll das zahlen?“

„Die Touristen selber“, sagte Prinkler, „es wird gesetzlich vorgeschrieben, daß jeder solche Ausrüstung erwerben, und, ob bei Wind oder Wetter, bei Sturm undEiseskälte ins Gebirge fahren muß, wo er mit Tausenden anderen auf die Höhe drängt und wieder herunterpurzelt. Das Gesetz gilt für alle, vom Kleinkind bis zum Greis.“

„Das ist ja höchst gefährlich. Das ist ja unmenschlich. Da sind ja die Knochen- und Schädelbrüche vorprogrammiert“, sagte der eine Tourismus-Verantwortliche.

„Das gibt eine Revolution“, sagte der andere, „so blöd sind die Leute nicht, daß sie sich sinnlos diesen kalten Höllen aussetzen.“

„Doch“, sagte Prinkler, „wenn man ihnen einredet, daß sie’s freiwillig machen.“

„Und stellen Sie sich vor, welche Gefahren lauern: Gletscherspalten, Lawinen, Schneebretter, die ganzen Unsicherheiten im Winter, Nebel, Eis, die ganzen Bäume stehen im Weg –"

„Werden abgeholzt", sagte Prinkler, „statt dessen senkrechte Trambahnen, damit man bequem hinaufbefördert wird."

„Das ruiniert ja praktisch die ganze Landschaft", sagte ein Besonnener.

„Und die scheißen und pinkeln ja alles voll", sagte ein anderer Besonnener.

„Man muß nur behaupten", sagte Prinkler, „es ist gesund."

Zum Glück wurde dieser haarsträubende Plan seitens der Regierung der Riegel vorgeschoben. Prinkler wurde verhaftet und wegen Alpenvergewaltigung zum Tode verurteilt.

Die Hinrichtung fand am Mittwoch, dem 5. Februar 1900 um 5 Uhr statt. Prinkler letztes Wort war: „Ski Heil!"

Menü 7

Lutz Prinkler hatte als Bergmensch selbstverständlich eine Vorliebe für die wilde Natur. Aus diesem Grund hatte er immer ein Säckchen mit getrockneten Kräutern bei sich. Diese wechselten je nach Mondphase: bei Vollmond Leinkraut – er dachte, dies sei der Verdauung zuträglich –, bei abnehmendem Mond hatte er den Guten Heinrich – für die Blutreinigung –, bei zunehmendem Mond die Baldrianwurzel – die führte zu ruhigem Denken – und bei Neumond die Holunderblüte – die war gut für seine edle Haut, wo er doch äußerst eitel war. Für das letzte Mahl kam für ihn nur Wildfleisch in Frage, doch zuletzt wollte er etwas Süßes und mit diesem Geschmack auf der Zunge in die Ewigkeit schweben.

Menü

– Kräutersuppe
(Er dachte, bei diesem Gericht könne man alle
Mondphasen auf einmal genießen.)

– Rohrpudding von der Wildleber
(Das war eine letzte Verbeugung vor seinem Wilderer-Leben:
bevor er diese Welt verlassen sollte,
wollte er sich selbst verzeihen, und das mit dem
größten Stolz eines Jägers beschließen:
mit der Wildleber.)

– Wildhase mit Kompott und Salat

– Butterkekshalbgefrorenes

Butterkekshalbgefrorenes
Rezept für ca. 10 Portionen

400 g Zucker
200 g Wasser
7 Eiweiß
1 l Sahne
300 g Butterkekse

Zubereitung

Zucker mit Wasser aufkochen bis 120 Grad. Eiweiß leicht anschlagen und den heißen Zucker langsam dazugeben und so lange schlagen bis die Eiweiß-Zucker-Masse kalt ist. Sahne steif schlagen, Butterkekse leicht zerbröckeln, zur Eiweißmasse dazugeben und gut verrühren. Sahne darunterheben und in Terrinenformen abfüllen. Dazu passen karamellisierte Apfelscheiben, Birnenkompott, eingelegte Kirschen, Waldfrüchte usw.

VIII

6. April 1908, St. Sixtus I. Pp

Delinquentin: Ylfreda Hirschler
Ylfreda Hirschler war die Erfinderin der Mittelmajuskel, also der Unsitte: SchriftstellerInnen statt Schriftstellerinnen und Schriftsteller zu schreiben. Es funktioniert fast immer: BundeskanzlerInnen, AbortreinigerInnen, PäpstInnen und so fort. Nicht funktioniert es bei Blödmänner. (Das sind solche, die die Mittelmajuskel weiterverbreiten.) Nicht funktioniert es bei Rindvieh (RindfichInnen), bei Affe, Hebamme. bei jemand, niemand u. s. f. Ylfreda Hirschler erlitt einen psychischen Zusammenbruch (sog. „Entzündung mit Beklemmung"), als sie erfuhr, daß die Mittelmajuskel im Englischen nicht möglich ist. Das fiel ihr bei der Übersetzung des Stückes „The Merry Wives of Windsor" auf, dessen Titel sie mit „Die lustigen WeiberInnen von Windsor" eindeutschte. Ihre Übersetzungsarbeit kommentierten mehrere KritikerInnen mit bösen Worten, zum Beispiel: „Sie übersetzt Shakespeare in eine Sprache, die sie auch nicht kann."

Einen weiteren Zusammenbruch erfuhr Ylfreda Hirschler, als sie erfuhr, daß die Mittelmajuskel auch im Französischen nicht geht, und auch nicht im Italienischen. Ein Zusammenbruch nach dem anderen. Sie versuchte dann, Samojedisch zu lernen; ging abe auch nicht.

Weiter ist zu Ylfreda Hirschler nichts zu sagen. Außer: „WienerInnen-Schnitzel“. Man weiß ja nicht, ob eventuell das Kalb weiblich war.

Sie wurde wegen fortgesetzter, schwerer Sprachmißhandlung zum Tod verurteilt, was insofern überflüssig war, weil sie demnächst eh der Blitz getroffen hätte.

Die Hinrichtung erfolgte am 6. April 1908 um 6 Uhr früh.

Menü 8

Die Hirschler war kulinarisch eine Fehlanzeige. Essen war ihr nichts als Nahrungsaufnahme. Selbst ihr letzter Gedanke bei der Henkersmahlzeit galt der Mittelmajuskel, und sie wünschte sich nur, daß die Gerichte eine solche enthielten – nicht die Gerichte selber, das ging nicht, aber die Bezeichnung.

Menü

– LeberInnenkuchen in Aspik

– FischInnensuppe

– KalbInnenkotelett, mit BlumInnenkohl und Mozzarella überbacken

– Weinschaum mit gebratenen MandelInnen

KalbInnenkotelett, mit BlumInnenkohl und Mozzarella überbacken

Rezept für 4 Personen

4 Kalbskotelett mit Knochen ca. 400 g
550 g Blumenkohl
100 g Mozzarella
50 g geschmorte Zwiebeln, gehackt

1 kg frischer Blatt Spinat
Salz, Pfeffer, Olivenöl

Zubereitung

Etwa ein Viertel des Blumenkohls und die Mozzarella in kleine Würfel schneiden. Den Blumenkohl in Olivenöl bei mittlerer Hitze ca. 5 Minuten andünsten, die geschmorten Zwiebeln dazugeben, mit Salz und Pfeffer würzen. Das Kalbskotelett mit Salz und Pfeffer würzen und in der Pfanne mit Olivenöl auf beiden Seiten ca. 5 Minuten anbraten. Den ausgekühlten Blumenkohl mit der Mozzarella mischen, auf die Kalbskoteletts verteilen und im Ofen bei starker Oberhitze überbacken. Die Hälfte des Spinates in einer Pfanne sautieren. Den restlichen Blumenkohl in Scheiben schneiden und mit Olivenöl beidseitig anbraten. Den Spinat mit Salz und Pfeffer würzen.

Anrichten:

Den angedünsteten Spinat in die Mitte des Tellers geben. Den frischen Spinat drauflegen, das überbackene Kalbskotelett daraufsetzen und mit dem Blumenkohl garnieren.

IX

Dienstag und Pfingsten, 6. Juni 1911, hl. Norbert

Delinquent: Franz Joseph Stoß
Stoß, Franz Joseph, war aus Oberammergau gebürtig. Strafmildernd wurde ihm zugut egehalten, daß er ein Jahr zuvor bei den Passionsspielen den Rechten Schächer dargestellt hatte. „Der Linke wäre angemessen gewesen", sagte der Vorsitzende des Schwurgerichts, der dann in der Urteilsbegründung erklärte, daß diese strafmildernde Schächerdarstellung nicht ausgereicht habe, um den Angeklagten vor der Todesstrafe zu bewahren.

Er stammte aus einer angesehenen Oberammergauer Familie. Sein Vater war bei den Passionsspielen 1900 der Hohepriester Annas, seine Mutter 1870 die hl. Mutter Anna. Der Großvater väterlicherseits war 1850 das Vorderteil des Pferdes am Wagen, mit dem Pilatus einfuhr, 1860 war er der Pilatus selber. Ein Onkel – Kajetan Stoß – war 1840 als Kind einer der Engel, die bei der Geburt am Stalldach zu Bethlehem saßen, der Urgroßvater mütterlicherseits war 1810 der Herodes, den er so lebensecht spielte, daß er bei vier Aufführungen von den über den Kindermord erbosten Zuschauern verprügelt wurde. Franz Joseph Stoß' ältester Bruder war 1890 der Stern von Bethlehem anvertraut, den er auf einem Balken balancierend, bengalisch beleuchtet hoch oben über die Bühne tragen mußte.

Franz Joseph Stoß erhielt eine gediegene Schulbildung, konnte lesen und schreiben und bis hundert rechnen. Sein Verhängnis war, wie so oft in Oberbayern, das Kartenspiel. Er setzte, nachdem er alles verloren, selbst seine künftigen Löhne als Maurergehilfe verspielt hatte, den rechten Turm der Basilika des Klosters Ettal, das ihm als Oberammergauer selbstverständlich bestens bekannt war. Und verlor ihn an den auf der Durchreise befindlichen Metzgermeister Ohnewein aus Girlan in Tirol, den seinerzeit gefährlichsten Blindwatter, was Stoß vorher bedenken hätte müssen.

Der Turm wurde abgetragen, in Girlan neben der Metzgerei aufgestellt, Stoß verhaftet und wegen leichtfertiger Verschleuderung vaterländischen Kulturgutes zum Tode verurteilt.

Die Hinrichtung wurde vom Gericht auf Dienstag, 6. Juni festgesetzt, 5 Uhr früh. Stoß wünschte sich, nach Beratschlagung mit dem Henker, das nun folgende Menü, dem der Henker aus eigenem Antrieb noch den „Gruß aus der Küche“ hinzufügte.

Um 4 Uhr 30 traf die Begnadigung durch S. königl. Hoheit, den Prinzregenten Luitpold ein. Stoß versicherte, daß ihm die Henkersmahlzeit dennoch geschmeckt habe.

Stoß wurde zwei Jahre später aus der Haft entlassen, nachdem Metzgermeister Ohnewein den Turm an das Kloster zurückgab, denn er störte die Metzgermeisterin, weil er den Blick auf das Fenster der Nachbarin Schrentewein verstellte, mit der sie gern von Fenster zu Fenster plauderte.

Menü 9

Stoß war als begnadeter Schauspieler außerordentlich penibel beim Auswählen seiner Henkersmahlzeit. Der Henker brauchte vier Stunden, um mit ihm handelseins zu werden. Diese Zeit nahm sich der Henker nur, weil Stoß sehr kreativ ausmalte, wie sich die jeweilige Speise vorzustellen war.
Er wünschte sich die Forelle in der Form der Leichenstarre, damit die Frische garantiert sei. Das Filettieren der Forelle sei wie eine Bühne bauen, meinte Stoß, das In-Stücke-Schneiden sei wie Dramen lernen und sorgfältiges Kochen sei wie das Deklamieren, der Teigmantel hingegen bilde die Hülle, als ob man mit dem Ensemble spielte. Beim Auswählen des Weines, das fast noch länger dauerte, kamen sich Henker und Delinquent, weil sie feststellten, die gleiche Vorliebe zu haben, so nahe, daß sie Bruderschaft tranken. So köpfte Ratzenhammer einen Duzfreund.

Menü

– Forelle im Filoteig mit Tomaten-Kartoffel-Tartar

– Rindswange in Rotwein gesotten

– Schwarzer Kirschkuchen
(Beim Kirschkuchen schweifte seine Fantasie ins Unendliche. Aß er doch die Kirschen mit den Kernen, wobei er daran dachte, bei der Fortpflanzung der Kirschen behilflich zu sein. Er suchte immer wieder die Orte aus, die er für die Vermehrung als günstig ansah.)

Forelle im Filoteig mit Tomaten-Kartoffel-Tartar
Rezept für 4 Personen

4 Forellenfilets á 100 g
80 g Filoteig
100 g Kartoffeln, in Würfel geschnitten
200 g Tomaten, geschält und in Würfel geschnitten
1 geschälte Tomate
Salz, Pfeffer, Olivenöl Extra Vergine

Zubereitung

Forelle enthäuten und halbieren, salzen und pfeffern. Den im Fachhandel besorgten Filoteig in dünne Streifen schneiden und die Forellenstücke darin rollen.

Tomatenwürfel salzen, pfeffern und in Olivenöl 10 Minuten weich dünsten, Kartoffelwürfel salzen, pfeffern und in Olivenöl 15 Minuten weich dünsten, danach beides vermengen. Die Flüssigkeit der Tomaten aufbewahren, um sie später der Vinaigrette hinzuzufügen.

Forelle im Filoteig in Öl ca. 5 Minuten backen, dann noch 3 Minuten bei 80 Grad ruhen lassen.

Die geschälte Tomate in feine Scheiben schneiden, auf dem Teller carpaccioartig anrichten, das Tomaten-Kartoffel-Tartar in eine runde Form drücken, daß ein Törtchen entsteht, die gebackene Forelle dazulegen. Den restlichen Tomatensaft mit etwas Olivenöl, Salz, Pfeffer und Zitronensaft zu einer Vinaigrette verrühren und über die Tomatenscheiben geben. Mit Basilikumblätter garnieren.

X

Montag, 25. 1. 1915, Pauli Bekehrung

Delinquent: Benedikt Armleuchter
Der Pfarrer weigerte sich zunächst, den neugeborenen Armleuchter zu taufen. Er berief sich auf die *Extravagantas Joanni XXII* (Capt. XI), in denen ein Mindestmaß an menschlichem Aussehen für die Taufe vorgeschrieben ist. Der Pfarrer hielt den Neugeborenen für einen Frosch, insbesondere wegen dessen grünlicher Farbe. Es wurde ein theologisches Sachverständigen-Gutachten eingeholt. Ein hochgestellter Monsignore betrachtete den Knaben und kam zu dem Schluß, daß dieser bei Anlegung nicht zu strenger Maßstäbe als menschlich zu betrachten sei.

Daraufhin taufte der Pfarrer, immer noch widerwillig, den Armleuchter auf den Namen Benedikt, ließ aber ungeschickt und schludrig den Täufling ins Weihwasserbecken fallen. Der Täufling ging unter, schluckte viel Weihwasser, tauchte aber sofort heftig strampelnd und dadurch nicht ertrinkend wieder auf. „Doch ein Frosch“, brummte der Pfarrer.

Der Vorfall blieb nicht ohne Folgen. Benedikt Armleuchter wurde so katholisch, daß sich die Balken bogen. Er war der Meinung, hörte man ihn so reden, daß auch der Papst nicht ganz frei von einem häretischen Anflug sei. Den Bischof seiner Diözese hielt er schlichtweg für einen Protestanten.

Benedikt Armleuchter beschloß schon in jungen Jahren, sein Leben dem Kampf gegen die Unsittlichkeit zu weihen. Er prangerte Unkeuschheiten und Nuditäten an, wo immer er sie fand. Er zog mit einer Leiter, mit einem Bürstenpinsel und mit einem Kübel mit schwarzer Farbe versehen zur Nachtzeit los und übermalte auf den schamlosen Plakaten kurze Röcke, zu tiefe Dekolletés usw. Er stellte sich an belebte Straßenkreuzungen und machte Frauen, die zu kurze Röcke trugen, laute Vorhaltungen; er hielt, leider schlecht besuchte, Vorträge ab, in denen er gegen die seiner Meinung nach entsetzliche Unsitte wetterte, nackt in die Badewanne oder unter die Dusche zu steigen. Selbst ehelicher Geschlechtsverkehr war ihm suspekt, und er empfahl, wenn zur Kinderzeugung solcher nun einmal, Gott sei's geklagt, unvermeidlich sei, die Verwendung der von ihm entworfenen Nachtkleidung: ein baumwollenes Nachthemd mit einer an geeigneter Stelle abknöpfbaren Stoff-Klappe, sodaß nur die allernotwendigste Entblößung vorfallen muß. Er veröffentlichte einen Essay, in dem er begründete, daß Adam und Eva im Paradies keineswegs nackt gewesen seien, vielmehr fleischfarbene Trikots getragen hätten. Die in den Antikensammlungen ausgestellten Statuen führten, so oft er an sie erinnert wurde, zu Tobsuchtsanfällen. Mehrfach wurde er aus einem Museum geworfen, weil er versuchte, einer Venus oder Artemis eine Lodenkotze anzuziehen.

Besondere Wut erregten in ihm weibliche Brüste. In Gemäldegalerien bekam er Atembeschwerden, Kongestionen, lebensgefährliche Anfälle, in denen er in flammenden Worten die Übermalung, mindestens aber die Verhüllung der weiblichen Brüste forderte. Die eigenhändigen Versuche solcher Übermalungen wurden zu seinem Kummer durch wachsame Museumswärter verhindert. Er verfaßte daraufhin einen Aufruf, den er in 120.000 Exemplaren verteilte, in dem er die Entlassung sämtlicher Museumswärter forderte, und in dem er darauf hinwies, daß dieser Personenkreis, da ständig mit solchen Nuditäten wie zum Beispiel Botticellis „Venus" konfrontiert, unzweifelhaft in die Hölle kommt.

Als die Oper „Salomé" aufgeführt wurde, in der bekanntlich der schamlose „Tanz der Sieben Schleier" dargeboten wird, bekam er Krämpfe. Selbstverständlich besuchte er keine Vorstellung, aber er geriet auch außerhalb des Theaters pünktlich zum Beginn dieses Tanzes in konvulsivische Zuckungen, von denen er sich nur durch sofortiges Rosenkranz-Beten lösen konnte. Er organisierte dann Gebetsstunden, das heißt, er trommelte einige Betschwestern männlichen und weiblichen Geschlechts sowie die harmloseren Insassen einer Anstalt zusammen, zog mit ihnen vors Theater und sang mit ihnen „O Stern im Meere" und dergleichen und betete zu allen möglichen Heiligen Emerentien und Protasien und Servatien, daß das Theater abbrenne. Der seiner Meinung nach auf die allgemeine Sittenlosigkeit zurückzuführende Mißerfolg dieser Aktion, das heißt, daß das Theater nicht abbrannte, hinderte ihn nicht daran, solche Aktionen weiter durchzuführen, sobald die Unkeuschheit wieder Platz griff.

Eine Ausstellung von Aktgemälden Klimts und Schieles begegnete er, indem er sich vor dem Museum kreuzigen ließ. Nicht mit Nägeln allerdings, nur mit Schnüren angebunden. So hing er da, knochig und grün, viele der Passanten hielten ihn für einen gekreuzigten Frosch.

Bei einer ähnlichen Schamlosigkeit (es wurden da sogar Photographien nackter Damen ausgestellt), trat er in den Hungerstreik. Als nichts half, die Ausstellung nicht geschlossen wurde, kam er auf die verhängnisvolle Idee, den Hungerstreik sozusagen umzudrehen. Er fraß sich voll und erklärte, er trete nunmehr in den Verhaltensstreik: verhielt Stuhlgang und Urinieren, bis er sich in Zuckungen wand und endlich aller Unrat aus ihm herausplatzte, die ganze Umgebung des Museums mit seinen Exkrementen beschmutzte.

Er wurde verhaftet, als ansteckende Gemeingefahr zum Tode verurteilt und am 25. Jänner 1915 um 6 Uhr 14 hingerichtet. Die bereits vorbereitete Henkersmahlzeit wies er zurück. Er bat nur nochmals, um Anstoß zu nehmen und voll den Abscheu zu spüren, ein illustriertes Exemplar des „Kamasutra“ durchblättern zu dürfen.

Menü 10

Armleuchter war wählerisch, was das Essen anging: keine Innereien, keine Köpfe, keine Frösche, keine Keule, nicht dies, nicht das. Der Henker verzweifelte fast an ihm. Armleuchter wußte nur, was er nicht *wollte. Dem Henker platzte der Kragen. „Ich habe fast den Eindruck", sagte er, „Sie wollen nicht geköpft werden. Sie essen, was ich auftische. Basta."*

Menü

– Leberknödel
(Aus Ärger, der ja auf die Leber geht.)

– Gefüllter Krautkopf mit Bröselbutter
(Weil ihn der Gesichtsausdruck des Delinquenten an einen solchen erinnerte.)

– Sardellen in Zitronensaft
(Weil Ratzenhammer auf ihn so sauer war.)

– Hartes Brot und Äpfel
(„Geschieht ihm recht!")
(= Soufflierter Honigschüttelbrotschmarren mit karamellisiertem Apfel)

Soufflierter Honigschüttelbrotschmarren mit karamellisiertem Apfel
Rezept für 4 Personen

Für den Schmarren:
20 g Butter
20 g Topfen
2 Eigelb
2 EL Honig
60 g Schüttelbrot, fein gerieben
3 Eiweiß
20 g Zucker

Für den Apfel:
250 g Äpfel
50 g Butter
20 g Zucker
Einige Minzeblätter

Zubereitung
Schmarren:
Butter, Topfen, Eigelb und Honig gut verrühren, Schüttelbrot dazugeben. Eiweiß mit Zucker steifschlagen und vorsichtig unterheben. In eine ausgebutterte Pfanne geben und im vorgeheizten Rohr bei 160 Grad 15 Minuten backen.

Apfel:
Die Äpfel schälen und in Spalten schneiden, 50 g Butter in der Pfanne schmelzen, Zucker dazugeben, leicht karamellisieren, Apfelspalten dazugeben und ca. 5 Minuten durchschwenken.

Anrichten:
Den Schmarren mit einem Löffel aus der Pfanne brechen, in die Mitte des Tellers geben und mit den Apfelspalten garnieren. Mit Staubzucker und Minzeblättern servieren.

XI

Samstag, 9. Juni 1917, St. Ephräm der Spatz

Delinquenten: Rühreier Luis, Klein Luis, Hampelmann Luis, Misthäufler Luis, Nichtdascher Luis, Sargnagel Luis, Kanstaner Luis

Um das Jahr 1910 begann in gewissen Alpengegenden eine gefährliche Bande ihr Unwesen zu treiben. Zunächst beschränkten sich die sieben Mitglieder darauf, harmlose Bergwanderer durch sinnlose Sprüche, die sie ihnen entgegenschleuderten, zu schrecken, wie: „Und ewig wird der Himmel brennen“ oder „Schenk mir das Jahr der Zwerge“. Die Bande bestand aus sieben Mitgliedern. Als Hauptmann konnte ein gewisser Rühreier Luis festgestellt werden. Die übrigen hießen Klein Luis, Hampelmann Luis, Misthäufler Luis, Nichtdascher Luis, Sargnagel Luis und Kanstaner Luis.

Mit der Zeit aber wurde diese, wie sie genannt wurde, Käs-Spatzen-Bande zu einer Landplage. Ihre Sprüche, die sie an Wände schrieben, mit Schalltrichtern über die Berge heulten, in Millionen Handzetteln verteilten, wurden immer blöder: „Sag ja zur Adelheid“, „Sterne überm Hosenladen“, „Weil das letzte Brot die Bleichsucht hat“, „Auf die scheißt der Albin“, „Tiefschlag für Tiefschlag“, „Wenn die Sehnsucht ’s Mieder reibt“, „Jeder Morgenkäs ist ein Gebet“.

Es wurde unerträglich. Die Menschheit schrie einstimmig:

„Aufhören". Die Käs-Spatzen, auch Dolomiten-Maden genannt, antworteten mit: „Jeder Weg führt irgendwann zur Jause". Vor Verzweiflung brach der Erste Weltkrieg aus, aber die Käs-Spatzen waren nicht zu bremsen, schmetterten ihr „Nimm mich mit auf irgendein Klo!" in die Täler, es half alles nichts. Kaiser Franz Joseph starb vor Gram. Die Käs-Spatzen hatten ihm „Eine weiße Lederhose" vorgesungen, worauf der Kaiser das letzte Mal seufzte: „Mir bleibt auch nichts erspart."

Das war aber dann doch zuviel. Die Bande wurde endlich dingfest gemacht und wegen vorsätzlichen Alpenmißbrauchs in erschwerter Form zum Tode verurteilt.

Die gemeinsame Henkersmahlzeit fand am Vorabend statt. Die Hinrichtungen am 9. Juni 1917 um 7 Uhr, 7 Uhr 10, 15, 20, 25, 30 und 35 statt. Vorher noch sangen die Käs-Spatzen ihr schönstes Lied: „Nur wenig wird der Himmel kennen", und als Zugabe für den Henker: „Verflixt, Verschiß, Vorbei, Amore mio". Dann klang siebenmal das Fallbeil.

Menü 11

Der Rühreier Luis war der heimliche Boß der Gruppe, darum nahm er sich auch die Freiheit, die Henkersmahlzeit zu bestimmen. Die Luisbanditen waren Bergmenschen und kannten die weite Welt nicht, aber sie liebten die Bergkräuter, das Polentamehl, die Pilze und die Beeren. Deshalb dachte der Rühreier Luis, muß er etwas von diesen Sachen bestellen.

Menü

– Bergkräutersuppe
(Für den Klein Luis,
er war der gesundheitsbewußte der Bande.)

– Dreierlei Polentanocken mit Pfifferlingen und Bergkäse
(War für alle eine Mahlzeit, weil sie sich
erinnerten, wie sie als Kinder Pilze
gesucht und diese manchmal gegen Polentamehl
getauscht hatten, denn zu Hause war bei allen
die Not groß gewesen.)

– Beeren
(Als dritte Speise hatte sich der Rühreier Luis
auf die Beeren konzentriert, wohlwissend,
daß der Hampelmann Luis
und der Nichtdascher Luis sie nicht mochten.
Sie mußten die Augen schließen,
damit sie sie essen konnten. Aber
zurücklassen wollten sie auf dieser Welt nichts mehr.)

Dreierlei Polentanocken mit Pfifferlingen und Bergkäse
Rezept für 4 Personen

Für die gelben und weißen Polentanocken:
300 g Gemüsefond
150 g gelbe bzw. weiße Polenta
Salz und Pfeffer

Für die grünen Polentanocken:
Zutaten wie für die weißen Polentanocken,
außerdem Lauchpaste:
150 g Lauch, nur die grünen Teile
50 g Butter
Salz und Pfeffer

Für die Pfifferlinge:
200 g Pfifferlinge
50 g geschmorte Zwiebeln, gehackt
30 g Butter
Salz, Pfeffer, Olivenöl, Petersilie

100 g Bergkäse

Zubereitung
Gelbe bzw. weiße Polentanocken:
Gemüsefond zum Kochen bringen, salzen und pfeffern, die gelbe bzw. weiße Polenta einrieseln lassen und mit einem Schneebesen gut einrühren. Danach mit einem Kochlöffel ca. 6–7 Minuten glattrühren. Die Masse in einen Spritzsack füllen und auf einer Platte mittelgroße Streifen aufspritzen und kaltstellen.

Grüne Polentanocken:
Lauch in Stücke schneiden, in Salzwasser weichkochen, abseihen, gut abtrocknen und im Mixer mit der Butter fein mixen. Gemüsefond zum Kochen bringen, salzen und pfeffern, die weiße Polenta

einrieseln lassen und mit einem Schneebesen gut einrühren, die Lauchpaste dazugeben. Dann vgl. die Zubereitung der gelben bzw. weißen Polentanocken.

Pfifferlinge:

Die erkalteten Polentastreifen in gleichmäßige Stücke schneiden und von jeder Art gleich viele Nocken nehmen. Die Pfifferlinge in einer Pfanne mit der geschmorten Zwiebel etwas andünsten und mit der kalten Butter binden, mit Salz, Pfeffer und der gehackten Petersilie abschmecken. Die Polentanocken in Salzwasser 2–3 Minuten kochen, zu den Pfifferlingen geben und gut durchschwenken. Auf den Tellern verteilen und mit dem geraspelten Bergkäse bestreuen.

XII

Donnerstag, 28. 6. 1917, St. Irenäus

Delinquent: Lathesiel Nothdurfter
Der Vorsitzende des Militärgerichts bezeichnete den Angeklagten als Schande für seine Familie, als Geschwür am ruhmbedeckten Corpus der königl. bayrischen Armee und als Auswurf der Gesellschaft, und er, der Vorsitzende, blicke, so wörtlich: „in einen Abgrund von Landesverrat".

Und in der Tat sind diese harten Worte nicht von der Hand zu weisen, war doch Lathesiel Nothdurfter ein Glied der freiherrlichen Familie derer von Nothdurfter zu Schwainsörl, die schon seit der Schlacht bei Mühldorf generationenlang dem Allerhöchsten Herrscherhaus gedient hatte. In eben dieser Schlacht (1322), die als letzte „Ritterschlacht" in die Militärgeschichte einging, deckte der erste urkundlich erwähnte Vorfahre namens Olivius mit seinem Leib den – salva venia – eben seine Notdurft verrichtenden und daher wehrlosen Kaiser Ludwig den Baier und wurde deswegen als Olivius Nothdurfter zum Ritter geschlagen.

Das von diesem Stammvater entspringende Rittergeschlecht erwarb um 1500 die Hofmark Schwainsörl in Niederbayern, und einem Ur-Urenkel besagten Ritters Olivius', Romulus Gallus von Nothdurfter, gelang es, den Ausgang der Schlacht von Langenpfunzen im Pfälzer Erbfolgekrieg zugunsten Herzog Wilhelms und gegen die Pfälzer zu entscheiden, und zwar dadurch, daß er, nachdem er alle Kugeln verschossen und seinen Säbel in dem Durcheinander verloren hatte, einen Pferdeapfel aufhob und diesen gegen den heranstürmenden gegnerischen Feldhauptmann schleuderte. Dieser Feldhauptmann wollte eben den Befehl brüllen: „Vorwärts, mir nach!", als ihm der Pferdeapfel vulgo Roßknödel in den Mund fuhr, er statt des Befehles: „Pfui Teufel!" fluchte, was die Pfälzer Landsknechte als willkommenen Befehl zum Rückzug auffaßten und die nächste Gastwirtschaft aufsuchten. Die Familie wurde deswegen mit einer Wappenbesserung sowie dem Recht das Prädikat „Zu Schwainsörl" zu führen begnadet.

Ein weiterer Nachkomme des alten Olivius', der Ritter Audimund Maximilian Nothdurfter zu Schweinsörl, war Generalleutnant im kurfürstlichen Heer und kommandierte im bayrischen Erbfolgekrieg 1777 ein Regiment Infanterie. Bei der der Schlacht von Pomislbrod in Böhmen vorangehenden Lagebesprechung kam es infolge der Schwerhörigkeit Nothdurfters zu Mißverständnissen. Nothdurfter unterbrach mehrfach mit: „Wie bitte? Ich versteh nix!" die Darlegung des Schlachtplanes durch den kommandierenden General Grafen Massauer, bis diesem der Geduldsfaden riß und er schrie: „Ach lecken Sie mich doch am Arsch." Nothdurfter verstand: „Marschieren Sie nach Amasch!", was Nothdurfter dann auch tat, allerdings Amasch nicht fand, aus dem einfachen Grund, weil es einen Ort Amasch nicht gab. Er irrte mit seinem Regiment durch die Gegend, fragte immer wieder Bauern und Hirten, die aber nur böhmisch antworteten, was auch nichts half. Inzwischen hatten bei Pomislbrod die beiden Heere Aufstellung genommen, wobei nicht zu übersehen war, daß auf bayrischer Seite eine unschöne, die Symmetrie störende

Lücke vorhanden war: durch Fehlen des Nothdurfterschen Regiments. General Massauer schickte einen Parlamentär zum österreichischen Kommandanten, General Grafen Lacy, und ließ um etwas Geduld bitten. „Gut", ließ Lacy ausrichten, „dann genehmige ich mir inzwischen ein Gabelfrühstück."

Als gegen elf Uhr die Bayern immer noch nicht mit der Schlacht anfingen, schickte nun Lacy seinerseits einen Parlamentär hinüber mit der Anfrage: „Was ist jetzt?" General Massauer ließ ausrichten, daß leider der Nothdurfter immer noch fehle. Der Parlamentär war unglücklicherweise ein ungarischer Leutnant, der die Antwort so übermittelte: „Bittärschän, hot läider fehlt Notdurft." Lacy vermutete also, daß der gegnerische Kommandant von einer Verstopfung ereilt worden sei und erklärte seinen Offizieren, daß er als Kavalier alter Schule unter diesen Umständen dem Gegner keine Schlacht zumuten wolle. Er ließ zum Rückzug blasen, und das österreichische Heer zog ab. Als General Graf Massauer das sah, schüttelte er den Kopf und sagte: „Dann eben nicht", und ließ auch zum Rückzug blasen.

Was General Lacy nicht wußte, war, daß Nothdurfter durch sein zielloses Umherirren im Böhmischen auf eine österreichische Fourageabteilung gestoßen war, diese gefangengenommen und den gesamten Slivowitz-Vorrat der kaiserlichen Armee erbeutet hatte. Für diese Tat wurde der Familie gestattet, das zusätzliche Prädikat „zu Schliebenwitz" zu führen.

Die militärischen Fähigkeiten des Generals Gallus Veronicus Franz von Nothdurfter zu Schwainsörl und Schliebenwitz, Enkel des erwähnten Audimund Maximilians war, milde gesagt, umstritten. Daß er beständig rechts und links verwechselte, war das wenigste. Er stotterte. („Bis der einen Befehl herausbringt, ist der Krieg vorbei“, moserte der König.) Als Belohnung dafür, daß er im Krieg von 1870/71 darauf verzichtete, ein Kommando zu übernehmen, wurde er in den Freiherrnstand erhoben. Sein Sohn Ludwig Maria Audimund zeigte keine militärischen Ambitionen, lebte friedlich auf Schwainsörl und wurde berühmt als Erfinder des Edelweiß', jenes aus Filz gestanzten Ziergegenstandes, den viele irrtümlich für eine Blume halten. Prinzregent Luitpold war dermaßen begeistert von dieser Erfindung, daß er nur mit Mühe davon abgebracht werden konnte, das Edelweiß anstelle des Löwen ins bayrische Wappen zu setzen. Aber immerhin verlieh er dem Erfinder das königl. bayr. Y für Schwainsörl – nunmehr: Schwaynsörl.

Leider schlug der letzte des Geschlechts, Lathesiel Baron zu Schwaynsörl und Schliebenwitz aus der Art. Zwar diente er, der schon als Knabe mit einer Vorliebe für die Farbe Braun behaftet war, als Knabe in der königlichen Pagerie, besuchte dann die Kriegsschule, wurde als Leutnant in den Generalstab übernommen, wo er der Abteilung Feldlatrinen zugeteilt wurde, die er dann 1910 als Major führte. 1911 gelang ihm die epochemachende Erfindung der sog. Nothdurfterschen Komplex-Blitz-Latrine, die er sogar noch zur Multifunktions-Divisions-Latrine verbessern konnte, eine Waffe, die der bayrischen Armee die strategische Übermacht verschaffte, ja, sie praktisch unbesiegbar machte. Ihre verheerende Wirkung im Ersten Weltkrieg ist bekannt.

Soweit so gut, aber leider nur bis hierher. Nothdurfter wurde das Opfer der Spielsucht. Es mochte noch dahingehen, daß er dem Schafkopfen, dann dem Pokern verfiel, wenn nicht seine Spielsucht dann in eine Leidenschaft für das gefährlichste aller Spiele ausgeartet wäre: *Mensch-ärgere-dich-nicht*. Er verspielte sein Vermögen, seine Güter, seine Pferde, seine Windhunde, seine letzte Verwandte, die Tante Sophie Sidonia (er verspielte sie an den Scheich Abdul Yadafuareg von Hadj-Daswaris), und sogar zuallerletzt seinen Rasse-Kanarienvogel Caruso. Aber das alles genügte nicht, um seine Schulden abzutragen. Und so verkaufte er die Pläne zur Multifunktions-Latrine, diese fürchterliche Waffe, an die Engländer, die daraufhin bekanntlich dann den Ersten Weltkrieg gewannen.

Der Hoch- und Landesverrat kam auf, als ein ebenso verschuldeter englischer Offizier – Colonel Wordwright Sammle, der allerdings nicht dem *Mensch-ärgere-dich-nicht*, sondern dem fast noch gefährlicheren *Fang-den-Hut* verfallen war – versuchte, die Latrinenpläne an die Deutschen zurückzuverkaufen.

Nothdurfter wurde angeklagt, degradiert, seines Adels für verlustig erklärt und zum Tode verurteilt.

Die Hinrichtung sollte am Donnerstag, 28. Juni 1917 5 Uhr früh stattfinden. Die Henkersmahlzeit war, man bedenke die schlechten Zeiten, karg, wenngleich sich Ratzenhammer bemühte, aus dem wenigen, was ihm zur Verfügung stand, das Beste zu machen.

Die Begnadigung durch König Ludwig III. erreichte den Delinquenten kurz vor der Vorspeise, worauf Nothdurfter auf die Henkersmahlzeit verzichtete.

*

Nothdurfter, der von da an aller seiner Titel entkleidet als ordinärer Bürgerlicher sein Dasein durch Gelegenheitsarbeiten, Kofferträger am Bahnhof und zuletzt als Nachtportier im Hotel *Blauer Bock* fristete, schrieb gegen Ende seines Lebens seine Memoiren unter dem Titel: *Beschissen*. Darin erzählte er, daß er auf dem Klosett im *Blauen Bock* einen Mann getroffen habe, der ihm (so Nothdurfter wörtlich) „wie so ein richtiger Scheißer mit einer Vorliebe für die Farbe Braun" vorkam. An den Namen erinnerte er sich nicht, nur den Vornamen: Adolf. Nothdurfter bot diesem Adolf an, gemeinsam die zivile Nutzung seiner Latrinen-Erfindung zu betreiben. Der besagte Adolf aber habe abgelehnt. Weil, wie er sagte, er sich entschlossen habe, Politiker zu werden.

Menü 12

Als Soldat war es Nothdurfter gewohnt, aus der Gulaschkanone das zu essen, was ihm vorgesetzt wurde. Er hatte also keine Wünsche. Der Henker dachte, einem vom Militär gibt man auch bei der Henkersmahlzeit am besten das, was ihm im Leben fehlte: Hirn

Menü

– Hirnpofesen, gefüllt mit gedämpftem Karpfen

– Stufato mit Makkaroni

– Buttermilchterrine mit Erdbeeren
oder Früchten der Saison

Buttermilchterrine mit Erdbeeren oder Früchten der Saison

Rezept für 8 Personen

390 g Buttermilch
390 Crème fraîche
Saft von 3 Zitronen
100 g Staubzucker
7 Blatt Gelatine
380 g geschlagene Sahne
6 Eiweiß
60 g Zucker
Erdbeeren oder Früchte der Saison

Zubereitung

Buttermilch, Crème fraîche, Zitronensaft, Staubzucker und aufgelöste Gelatine gut miteinander verrühren. Das Eiweiß mit dem Zucker steif schlagen.

Die geschlagene Sahne und das Eiweiß in die Masse geben und vorsichtig unterheben. In Formen füllen und im Kühlschrank 3 Stunden ruhen lassen.

Nach Belieben serviert man dazu Früchte der Saison.

XIII

Freitag, 14. September 1917, Kreuzerhöhung

Delinquent: Prof. Fedor (Fedora) Gyrls

„Alles ist Kunst“, pflegte Prof. Fedor Gyrls zu seinen zahlreichen Schülern zu sagen, „nur das, was Kunst ist, ist nicht Kunst.“

Fedor Gyrls lebte und wirkte selber streng nach diesem Wahlspruch. Er begann damit, Pferdeäpfel auszustellen. Sein Schwiegervater betrieb nämlich ein Rollfuhrunternehmen, das damals noch mit von Pferden gezogenen Wägen betrieben wurde. Gyrls, der um diese Zeit noch nicht so berühmt war wie in späteren Jahren, wurde von seinem recht rigorosen Schwiegervater dazu verpflichtet, den Stall auszumisten: „Damit der Faulpelz überhaupt etwas Nützliches tut.“

Später, als die Gyrls'schen Pferdeäpfel – als Kunstwerk hießen sie „Zeig mir deinen Plattfuß“ – in den Museen der Welt ihren Platz gefunden hatten und auf Auktionen zu hohem Preis gehandelt wurden, weigerte sich Gyrls verständlicherweise den schwiegerelterlichen Stall auszumisten und verlegte sich aufs Fett. Er bekam durch einen Verwandten Zugang zur Kleidersammlung der Caritas und zweigte abgetragene Anzüge ab, deren Taschen er mit Fett füllte. Diese Kunstwerke hießen: „Teil des Saturn I“ bis „Teil des Saturn XIV“. Sie waren so erfolgreich, daß nun Gyrls eigene Anzüge nähen lassen konnte, die allerdings wie Schlafsäcke ausschauten. Er füllte auch

deren Taschen mit Fett: die ersten 50 handsignierten mit Butter, die restlichen 450 mit Margarine. Als Kunstwerke hießen sie: „Trau dem Grottenolm nicht".

Er verbreitete die Nachricht, daß er in Sibirien von Schamanen des samojedischen Stammes der Kawtschurken ausgebildet worden sei, daß man ihm ein silbernes Hirn eingesetzt habe, und daß er jetzt selber Schamane sei – und nannte sich von da an häufig Ischmir-Allehan. Seine Kunst sei gleichzeitig Gottesdienst, verkündete er, alles was er angreife oder absondere, sei heilig. Er füllte seine Exkremente in Dosen ab und verkaufte sie. Als Kunstwerke hießen die Exkremente: „Schwankende Bevölkerungsdichte". Teurer, weil naturgemäß seltener, waren die Dosen mit Gyrls' Haaren und Gyrls' abgeschnittenen Finger- und Zehennägeln. Als Kunstwerk hießen die Haare: „Aseptischer Hirschschweiß" und die Nägel: „Eingang für Zwerge hinten".

Gyrls war auf der Höhe seines Ruhmes, als ihn ein verheerender Schicksalsschlag traf. Er erkrankte am entzündeten Blinddarm. Das war noch nicht der Schicksalsschlag. Aber es gab im Krankenhaus zwei Trakte: A und B. Jeder Trakt hatte ein Krankenzimmer 29. Und es gab zwei Operationssäle: OP I und OP II. Verhängnisvoll war, daß an dem betreffenden Tag sowohl – was selbstverständlich keine Seltenheit war – in OP I als auch in OP II zur gleichen Stunde ein Patient operiert wurde, und daß beide Patienten in Zimmer 29 lagen, der eine A, der andere B. Gyrls lag in 29 A und wurde verwechselt. Dem Patienten von 29 B wurde quasi der entzündete Blinddarm Gyrls entfernt, an Gyrls aber wurde das vorgenommen, was für den Patienten von 29 B vorgesehen war: er wurde geschlechtsumgewandelt. Wachte als Fedora Gyrls aus der Narkose auf.

Nun ist nach Gyrls alles Kunst, auch eine verkorkste Operation. Ein Problem aber war, daß das Kulturministerium sich weigerte, an *Frau* Professor Gyrls das *Herrn* Professor Gyrls zustehende Gehalt auszuzahlen. Überhaupt: Ob Gyrls noch Professor sei, als Frau!, sei fraglich. Die Verordnungen und Bestimmungen sehen so einen Fall nicht vor.

Frau Gyrls prozessierte.

Noch ehe der Prozeß zu einem Ende kam, nahte der Retter in der Person des Kunsthändlers Konsul v. Thürheim aus Bad Hintern in der Eifel. Er war, dies nebenbei, der Schöpfer des Liedes:

„Bad Hintern in der Eifel
ist ohne jeden Zweifel
und ganz gewiß
ein Paradies."

Die Hochzeit des Konsuls mit „Frau Fedora Gyrls vorm. Prof. Fedor Gyrls" (so auf den Hochzeitsanzeigen) wurde zum Kunstwerk mit dem Titel: „Meteor in Kniehöhe" erklärt. Der Staatspräsident der Republik San Saltamontes, welchen Staat der Konsul in Deutschland vertrat, ließ es sich nicht nehmen, in eigener Person sich zur Hochzeit die Ehre zu geben. (Als er abgefahren war, fehlten, dies nebenbei bemerkt, im Gästezimmer die Nachttischlampe, der Bettvorleger und die Hähne der Badewanne.) Als die Republik San Saltamontes später in Konkurs ging und an die Brauerei Celtic Inc. Austin/Texas verkauft werden mußte, verlor Thürheim einen großen Teil seines Vermögens, und er wollte das bedeutendste Stück seiner Sammlung: „Meteor in Kniehöhe" recte seine Frau (Prof.?) Fedora Gyrls zu Sotheby zur Versteigerung geben. Da erstach ihn Frau Gyrls, als er im Wintergarten die letzten Erdbeeren pflückte, und erklärte den Mord als „Environment: Kunst = Kapital".

Er (= sie) wurde verhaftet und am Freitag, den 14. September 1917 hingerichtet. Der Henker vermerkte in seinen privaten Aufzeichnungen, daß der (die) Delinquent(in) noch etwas gesagt habe, als der Kopf schon im Loch eingeklemmt war, wohl wie diese letzte Installation heißen solle. Leider hat es Ratzenhammer nicht verstanden, das Fallbeil war zu laut. Der vorletzte Wunsch Gyrls aber konnte erfüllt werden: der von ihm am Ende der Henkersmahlzeit benutzte Zahnstocher ist unter dem Titel: „Schau mir in die Ohren, Kleister" im Guggenheim-Museum zu bewundern.

Menü 13

Der Professor war sehr eigen, was das Essen anging. Auch das Essen war für ihn Kunst. Er liebte Gerichte, die stark im Aroma und roh waren. Besonderen Wert legte er auf den Nachtisch und vor allem auf dessen Dekoration auf dem Teller. Am liebsten aber hätte er Fett und Filz gegessen, was der Henker jedoch als zu schmierig ablehnte.

Menü

– Milzsalami

– Kapuzinerstockfisch
(Seinen Geruch empfand er als Kunst der Düfte.)

– Rindshüfte auf dem Rost gebraten mit Sardelle
(Es erinnerte ihn dabei an alte Kunst
und neue.)

– Schoko-Walnuß-Schmarren mit Cappuccino-Eis

Schoko-Walnuß-Schmarren mit Cappuccino-Eis
Rezept für 4 Personen

Für den Schoko-Walnuß-Schmarren:
50 g Topfen
150 g Milch
3 Eigelb
50 g Zucker
50 g Mehl
70 g Kakaopulver, ungezuckert
6 Eiweiß
50 g Walnüsse

Für das Cappuccino-Eis, ca. 10 Portionen:
200 g Milch
200 g Sahne
4 Eigelb
4 Eier
150 g Zucker
30 g Kaffee gefriergetrocknet
100 g Espresso

Zubereitung
Schmarren:
Topfen durch ein Haarsieb streichen, Milch erwärmen, Eigelbe, mit Zucker gut verrühren, die Milch dazugeben und nochmals gut durchrühren. Die Masse in einen Mixer geben und unter ständigem Rühren Mehl, Topfen, Kakaopulver dazugeben und 5 Minuten mixen. Erkalten lassen, Eiweiß zu Schnee schlagen und vorsichtig unterheben. Die Masse in eine ausgebutterte Pfanne geben, die Walnüsse leicht zerdrücken und darüber streuen. Im vorgeheizten Rohr bei 180 Grad 15 Minuten backen.

Cappuccino-Eis:

Milch und Sahne aufkochen, Eigelb und Eier mit Zucker gut verrühren, den gefriergetrockneten Kaffee im Espresso auflösen und dazugeben, alles im Wasserbad bis zur „Rose“ erhitzen, in die Eismaschine geben und gefrieren.

XIV

Mittwoch, 28. Oktober 1921, Simon und Juda

Delinquent: Pankraz Zanzinger
Der Fall des Zanzinger, Pankraz, zur Zeit seiner Verurteilung im 51. Lebensjahr stehend, war, nach Ratzenhammers Meinung, der tragischste von allen. Ganz besonders schwerwiegend war in seinem Fall, und deshalb konnte nicht anders verfahren werden, als mit der ganzen Strenge des Gesetzes gegen ihn vorzugehen, daß er bei seinen Untaten ein posteigenes (!) Fahrrad mißbrauchte.

Zanzinger konstruierte eine Art von umgekehrten Staubsauger, eine tragbare Gebläsemaschine, die er an dem posteigenen Fahrrad befestigte, selbstverständlich ordnungswidrig und unter grober Verletzung der Dienstpflicht. Das Gebläse wurde mittels Batterie betrieben, die durch das Treten der Pedale aufgeladen wurde. Ein vom Gericht zugezogener Sachverständiger bescheinigte dem Angeklagten großes technisches, wenngleich fehlgeleitetes Geschick. Mit diesem so ausgerüsteten Fahrrad begab sich Zanzinger sodann in öffentliche Gärten, Parks usw. und wartete, bis eine junge Frau kam. Dieser schlich er sich von hinten an, und vermittels eines Schlauches, der vom Gebläse wegführte, welches er jetzt anwarf, blies er dem Opfer den Rock in die Höhe. In der Regel schrie das Opfer auf, in weniger häufigen Fällen trat Ohnmacht

ein. Jedenfalls aber sprang Zanzinger, nachdem er die Entblößung genossen, aufs Fahrrad und enteilte.

Das Gericht vernahm insgesamt vierundsechzig Zeuginnen zu diesem Tatkomplex. Sie berichteten, daß, was für die seit dem Krieg und dem Vordringen des sogenannten Expressionismus' bezeichnend ist, die durch die Machenschaften des Zanzinger für kurze Zeit sichtbar gewordenen Damenunterhosen zum Teil sehr klein, zum Teil sogar durchscheinend waren. In sieben Fällen hatten die Opfer (wohl bei warmer Witterung) offenbar auf solche überhaupt verzichtet.

Bald genügten dem – wie die Hauptzeugin ihn bezeichnete – „Sittenstorch“ [sic!] und postalischen Fahrradmißbraucher diese Gebläseuntaten nicht mehr. Er fuhr, nur mit einem ebenfalls posteigenen Staubmantel (grau) bekleidet in einen Park, stieg auf eine Parkbank und entblößte sich, wenn ein weibliches Opfer vorbeikam. Diese Straftat aber wurde dem Zanzinger zum wohlverdienten Verhängnis, denn er war so unvorsichtig, sein Unwesen gegenüber einem Altersheim zu treiben. Die zum allergrößten Teil dem weiblichen Geschlecht angehörenden Insassen dieses Altersheimes nahmen Anstoß, und zwar sechs Wochen lang jeden Tag. Hundertzwölf Zeuginnen wurden vernommen, die alle Anstoß genommen hatten, zum Teil mittels Feldstecher, den eine der Zeuginnen gegen Gebühr verliehen hatte. Etwas verwundert war der Vorsitzende, als eine der Zeuginnen fragte, ob der Angeklagte nach dem Prozeß wieder zur Parkbank komme. Nein, sagte der Vorsitzende, denn Zanzinger werde wegen fortgesetzter schwerer Verbreitung von Unsittlichkeit sowie erschwerter Störung der öffentlichen Moral in Tateinheit mit Dienstpflichtverletzung und posteigener Fahrradentweihung zum Tode verurteilt.

Die Vollstreckung des Urteils wurde auf den 28. Oktober

1921 festgesetzt, 5 Uhr früh. Am 27. abends wünschte sich Zanzinger, der, so Ratzenhammer, erstaunlich gefaßt, ja heiter war, das nachfolgend vorgestellte Menü.

Kurz vor 5 Uhr kam die Begnadigung durch Reichspräsident Ebert. Die Todesstrafe wurde in Degradierung vom Postsekretär zum Postuntersekretär umgewandelt und er war zur Entfernung des Gebläses vom posteigenen Fahrrad angehalten.

Menü 14

Der letzte Tag des Herrn Zanzinger war ein Regentag, und es war sehr kalt. Da in seinem Denken das Nackte einen wichtigen Platz einnahm, wünschte er sich Speisen in einer nackten Schlichtheit, aber mit viel Würze. Der Henker machte ihn darauf aufmerksam, daß die Würze in diesem Fall nicht von sommerlichen Kräutern herrühre, sondern von getrockneten und zermahlenen Früchten, denn wir standen bereits am Beginn des Winters.

Menü

– Auerhahnschnitte mit Wacholderbeeren
(Er dachte: Sollte der Auerhahn
früh morgens so schön singen, dann fiele ihm
der Abschied nicht so schwer.)

– Gefüllte Kalbsbrust mit Pfifferlingen, grünen Bohnen
und Selleriewürfeln
(Er wollte nochmal seine Männlichkeit spüren.)

– Rindsschlegel in Pfeffersauce pikant
(Bei diesem Gedanken hatte
er an eines seiner Opfer gedacht, das ihm diese Kost
kurz vor seiner Tat aufgetischt hatte.)

– Topfenknödel mit Zwetschgenröster
(Hatte dies doch den Anstoß zu seiner Fixierung
gegeben, denn bei einer Frau
im Zwetschgenbaum
hatte er erstmals die verbotene Nacktheit gesehen.)

Gefüllte Kalbsbrust mit Pfifferlingen, grünen Bohnen und Selleriewürfeln
Rezept für 4 Personen

Für die Kalbsbrust:
2,5 kg Kalbsbrust
Salz und Pfeffer
Olivenöl

Für die Fülle:
300 g Weißbrot, in Würfel geschnitten
300 g Pfifferlinge, geputzt und grob gehackt
2 Eier
50 g gehackte Zwiebel
etwas Knoblauchöl
Salz und Pfeffer

Für das Röstgemüse:
100 g Zwiebel
50 g Karotten
50 g Knollensellerie

Gewürzmischung:
1 Rosmarinzweig
10 Knoblauchzehen
2 Salbeizweige
5 Lorbeerblätter
Salz, Pfeffer

Für die Beilage:
400 g grüne Bohnen
200 g Sellerieknolle, in Würfel geschnitten

Zubereitung

Kalbsbrust:

Die Kalbsbrust von Knochen und Knorpeln befreien und eine Tasche schneiden (kann der Metzger für Sie zubereiten). Zwiebel und Knoblauch in Olivenöl andünsten, die gehackten Pfifferlinge dazugeben, leicht salzen und ca. 5 Minuten dünsten. Mit etwas gehackter Petersilie abschmecken. Kühlstellen. Die Brotwürfel mit den ausgekühlten Pfifferlingen und dem dabei entstandenen Saft gut vermengen, die Eier dazugeben und zu einem Teig verrühren. Die Brot-Pfifferling-Masse in einen Spritzsack geben und die Tasche in der Kalbsbrust damit füllen. An beiden Enden mit Küchengarn zunähen. Salzen und pfeffern. Das Röstgemüse in mittlere Stücke schneiden, die Gewürzmischung dazugeben, gut vermengen. Das Röstgemüse und die Gewürzmischung in eine Kasserolle mit Olivenöl geben, die gefüllte Kalbsbrust drauflegen und im vorgeheizten Rohr bei 150 Grad ca. 2 Stunden braten. Am Anfang mit etwas Gemüsefond übergießen, danach mit dem eigenen Bratensaft.

Gemüsebeilage:

Die grünen Bohnen putzen und in Salzwasser kochen, die Selleriewürfel in Olivenöl bei mittlerer Hitze ca. 4–5 Minuten leicht dünsten, salzen und pfeffern.

Sauce:

Das Fleisch herausnehmen und warmstellen, den entstandenen Bratensaft durch ein feines Sieb passieren und bis zur gewünschten Konsistenz einkochen lassen.

Anrichten:

Die Kalbsbrust in Scheiben schneiden; für einen schönen Schnitt eignet sich hier am besten ein Brotmesser. Die Bohnen und die Selleriewürfel auf dem Teller nach Belieben verteilen, die Kalbsbrustscheibe daraufgeben und mit dem Bratensaft gut beträufeln.

XV

Mittwoch, 22. 2. 1922, Kathedra Petri

Delinquent: Fridimund Weichnagel
Fridimund Weichnagel, ein Kind ehrbarer Handwerksleute (der Vater machte ein nicht unbeträchtliches Vermögen durch die Erfindung des Zehenschoners), war von früher Jugend an von dem Gedanken beseelt, Prophet zu werden. Die Mutter schlug, als Fridimund das erstemal diesen Wunsch äußerte, die Hände über dem Kopf zusammen und brach in den Schrei aus: „So ein brotloses Gewerbe! Das geht doch nicht gut!" Fridimund antwortete fest: „Ich prophezeie: Das geht gut!" Der Vater wurde befragt, der aber mit dem Versuch beschäftigt war, das Trompetenklavier zu erfinden (– er scheiterte, dies nebenbei –), drehte sich nicht einmal um und sagte nur: „Das ist mir Wurst." (Er erfand, nachdem er wütend die Entwürfe und Modelle zum Trompetenklavier weggeworfen hatte, die Marmeladenwurst, heute von den Speisekarten besserer Restaurants nicht mehr wegzudenken.)

So wurde also Fridimund auf die Prophetenschule geschickt und zum Diplom-Propheten ausgebildet.

Aber es gelang ihm keine einzige Prophezeiung, die dann auch eingetroffen wäre. Mag sein, er war einfach zu kühn. So prophezeite er am 31. Dezember 1889, daß am nächsten Tag das Jahr 1891 anbrechen werde. Es traf, wie man heute weiß, nicht ein. Ebensowenig bewahrheitete sich Weichnagels Prophezeiung, daß Bismarck am 4. April 1880 Locken bekäme. Seine Prophezeiung der reichen Kartoffelernte für das Jahr 1900 traf ebensowenig ein wie das von ihm für das Jahr 1908 prophezeite Erscheinen der Braunauer Förzmänner, den für 1908 prophezeiten Bankrott des Schlachtschiffes „Brandenburg“, die frühzeitige Spargelblüte für den 2. Februar 1899 und der Weltuntergang für den 20. April 1889.

Um nur einige Beispiele zu nennen.

Es ist nur zu gut verständlich, daß Weichnagel zutiefst enttäuscht und niedergeschlagen war, vielleicht ist es sogar verständlich, daß er in seinem beruflichen Mißerfolg zu unlauteren Mitteln griff. Er prophezeite 1921 das Aussterben der Menschheit für das Jahr 1950. Gleichzeitig erfand er ein Getränk, von dem er sich erhoffte, daß es jenes bewirke. Er nannte das Getränk Mocker-Kuhle, und es bestand aus dem Extrakt von zerquetschten Hunden mit Zucker versetzt. Den charakteristischen Geschmack erzielte er durch Beigabe von verflüssigten Fußnägeln aus Altersheimen.

Das Unwahrscheinliche geschah. So wenig erfolgreich Weichnagel mit seinen Prophezeiungen war, so durchschlagend gelang ihm die Vermarktung seines – es ist nicht anders zu nennen – Höllengesöffs. Die durch den Ersten Weltkrieg, dann die Inflation, die Weltwirtschaftskrise und das dann doch (von Weichnagel nicht prophezeite) Auftauchen der Braunauer Förzmänner geisteszerrüttete Menschheit stürzte sich förmlich auf das Getränk und soff und soff davon. Das erlebte Weichnagel nicht mehr, denn er wurde wegen versuchten Massenmordes zum Tode verurteilt und am 22. Februar 1922 hingerichtet. Er erlebte auch nicht mehr, daß die von seinem höllischen Gesöff hirnrissig gewordene Bevölkerung 1933 einen gewissen (ich kann mir den Namen einfach nicht merken. *Anm. des Autors*) zum Reichskanzler wählte. Aber die Hinrichtung des Erfinders bewirkte nicht, wie erhofft, das langsame Verschwinden der Mocker-Kuhle, fast möchte man sagen: im Gegenteil. Aus rätselhaften Quellen gespeist, floß es weiter, verdarb Mägen, Geschmack und die Menschheit.

Weichnagel hat, das wurde später aus Briefen von ihm offenbar, die Farbe seines Getränkes aus Sympathie für die Partei jenes Politikers und späteren Reichskanzlers gewählt, dessen Namen sich der Autor dieses Textes ums Verrecken nicht merken kann.

Da es bis heute nicht gelungen ist, jenes Getränk zu bannen, und es weiterhin Unheil anrichtet, ist zu vermuten, daß Weichnagel mit dieser einen Prophezeiung vom Aussterben der Menschheit rechtbehalten wird, auch wenn er sich im Datum 1950 geirrt hat.

Menü 15

Weichnagel prophezeite, was der Henker ihm als letzte Mahlzeit servieren würde. Die Prophezeiung traf ein – das einzige und letzte Mal. Er war sich sicher, daß es eine Wurst sein würde – aber nicht die Marmeladenwurst, denn die war zu teuer – und Gebäck, denn er wusste, dass der Henker noch welches von Weihnachten übrig hatte.

Menü

– Kuttelwurst mit Kalbsbeuscherl

– Milchreis
(Damit er sich doch noch einmal aus seiner
Fantasiewelt in die Welt seiner
Kindheit begibt.)

– Weihnachtsgebäck
(Des Henkers Rest.)

Schokokaramell
Rezept für 4 Personen

250 g Honig
250 g Zucker
1 Tasse Espresso
380 g Bitterkuvertüre
100 g Butter
150 g Haselnüsse ganz

Zubereitung

Honig und Zucker karamellisieren, mit dem Espresso ablöschen und von der Flamme nehmen. Die zerkleinerte Kuvertüre und die Butter dazugeben und gut einrühren. Zum Schluß die ganzen Haselnüsse dazugeben und ebenfalls gut verrühren. Auf eine mit Butter ausgelegte Form einen halben Zentimeter auftragen und 1 Stunde kaltstellen. Den erkalteten Schokokaramell nach Belieben schneiden. Im Kühlschrank luftdicht aufbewahren.

Früchte-Bauernbrot
Rezept für 4 Personen

½ l Milch
½ l Wasser
70 g Butter
80 g Hefe
Alles zusammen leicht erwärmen.

1 kg Weißmehl
500 g Roggenmehl
40 g Salz
20 g Zucker
Alles gut vermengen.

200 g Datteln
200 g Feigen, getrocknet

100 g Pflaumen, getrocknet
100 g Aprikosen, getrocknet
100 g Walnüsse
1 TL Zimt
1 TL Lebkuchengewürz

Die Trockenfrüchte in mittelgroße Stücke schneiden und mit 1 l Wasser kurz aufkochen, abseihen und kaltstellen.

Zubereitung

Die Mehlmischung zu der erwärmten Milch-Hefe-Masse geben und gut verrühren. Die abgekühlten Trockenfrüchte mit dem Lebkuchengewürz, dem Zimt und den Walnüssen dazugeben und abermals gut verrühren. In eine Schüssel geben und zugedeckt ca. 1,5–2 Stunden gehen lassen. Danach in eine beliebige Form geben und im vorgeheizten Backrohr bei 175 Grad ca. 30–35 Minuten backen.

XVI

Dienstag, 11. April 1922, St. Gangolf

Delinquent: Gervasius Schlappenseich
Gervasius Schlappenseich verstand sich als Künstler. Er entstammte einer Familie von Marktfahrern und wurde deshalb in früher Jugend zum Marktschreier ausgebildet. Aber es genügte ihm bald nicht mehr, auf den Märkten „Neue Karto – ff – ellnn ! Neue Karto – ff – ff – ellnn !" zu schreien, oder „Männer und Frauen! Kommt unsere Kohlrabi anschauen!", und ging deshalb zur Bühne. Seine Erfolge allerdings waren gering, vor allem konnte er sich das laute Schreien nicht abgewöhnen. So hatte er einmal – er war am Theater in Rudolstadt engagiert – in einem Stück des seinerzeit vielgespielten Benedikt Segenteufel, es hieß „Die sechs Zehen des Kanonikus Henscheid", in der Rolle des Sohnes zu seiner Schwester zu sagen: „Leise! Der Vater schläft!" Er brüllte das dermaßen laut, daß außer der Rolle der „Vater" aus der Kulisse stürzte und seinerseits brüllte: „Wenn man so herumbrüllt, kann ich kein Auge zutun!", worauf das Stück, wie man sich denken kann, einen völlig anderen Verlauf nahm. Der Kanonikus mit den sechs Zehen wurde nicht ermordet, der Vater wurde statt Regierungspräsident wahnsinnig, die Schwester bekam Zwillinge, der Theaterdirektor einen Nervenzusammenbruch.

Gervasius Schlappenseich wurde sofort entlassen, empfand das aber als Wink des Schicksals, denn durch diesen Vorfall kam er auf die Idee, als freiberuflicher, als vazierender Regisseur, quasi als Marktfahrer, was ihm, scheint's im Blut lag, Theaterstücke auf seine Weise zu inszenieren.

Er inszenierte den „Faust" von Goethe, indem er zwischen den Szenen Stücke aus „Heiderösleins Brautfahrt" von Algunda Lasagne einfügte. Schillers „Maria Stuart" inszenierte er, als spiele das Stück unter Wasser. Gerhart Hauptmanns „Weber" inszenierte er, indem er den Text von hinten aufsagen ließ. Der vom Dichter angestrengten Strafverfolgung entzog er sich durch Flucht in die Schweiz. Dort inszenierte er Hebbels „Herodes und Mariamne", indem er alle Darsteller ständig auf Klosettschüsseln sitzen ließ. Ein zusätzlicher Darsteller mußte, choreographich genau ausgeklügelt, ständig herumgehen und die Spülung ziehen.

Der Kantonspolizei entging er durch Flucht nach Linz. In Linz fiel ihm die Oper „Die Entführung aus dem Serail" in die Hände. Er ließ Bassa Selim als Papst auftreten, den Belmonte besetzte er mit zwei Sängern, die als Pferd auftraten, der eine als Hinterteil, der andere als Kopf. Konstanze sang nackt.

Die nächste Station führte Schlappenseich dann endlich zum Gipfel seines Könnens. Er inszenierte in Bayreuth den „Parsifal". Alle Darsteller, mit Ausnahme der Kundry, waren in Hasenkostüme gekleidet. Kundry verpaßte er einen kurzhosigen Matrosenanzug, und sie ging oder stand oder saß nicht, während sie sang, mußte auch nicht liegen, sondern wurde von einem Statisten in der Art „gehoben", wie Kinder „Schubkarren" spielen. Das Bühnenbild bestand aus Gedärmen.

Das war zuviel. Der Dachverband der Wagner-Vereine tobte und verlangte die Vierteilung Schlappenseichs. Er floh nach Amerika. Dort machte er sich unmöglich, nachdem er an der *Met* den „Freischütz“ so inszenierte, daß er den Probeschuß durch Probe-Ziel-Pinkeln ersetzte. Er kehrte nach Europa zurück in der Hoffnung, daß sich die Wagnerianer inzwischen beruhigt hätten. Das war tatsächlich der Fall, aber die in Norwegen ansässige *Liga gegen Leitmotiv* verlieh Schlappenseich den Anti-Wagner-Orden erster Klasse am Bande, und den trug Schlappenseich, als er heiratete. Die Hochzeit inszenierte Schlappenseich als Schnitzeljagd mit drei Bräuten und sechs Kindern, wobei keine der Bräute wußte, welche letzten Endes geheiratet wird. Er vergaß allerdings, daß er seinen Orden beim Heroldsamt hätte legalisieren lassen müssen. Das hatte er bei all seinen Mißzenierungen versäumt, sodaß er kurz nach der Trauungszeremonie verhaftet und wegen unbefugten Tragens ausländischer Auszeichnungen zum Tode verurteilt wurde.

Die Hinrichtung fand am Dienst, den 11. Februar 1922 um 6 Uhr 14 statt. Die Henkersmahlzeit, deren Menü unten mitgeteilt wird, rührte er nicht an.

*

Seine mit ihm nur so kurz verheiratete Witwe, sie hieß Laustanzile Constenbach, setzte die Bemühungen Schlappenseichs um die Erneuerung des Theaters fort. Von ihr stammt der Ausspruch: „Regie ist Kampf des Regisseurs gegen das Stück. Nur wenn der Regisseur gewinnt, ist die Regie geglückt.“ Es ist der Staatsanwaltschaft bis jetzt nicht gelungen, ihrer habhaft zu werden.

Menü 16

Schlappenseich weigerte sich, einen Wunsch zu äußern. Der Henker hoffte, mit dem ausgewählten Menü den Delinquenten doch noch zum Essen zu bewegen. Umsonst. Schlappenseich war mit der undankbaren Welt beleidigt, auch mit dem Henker.

Menü

– Vitello tonnato
(Hatte er in Amerika gesehen.)

– Holsteinschnitzel mit Kartoffeln
(Weil er sich auch für
einen Künstler
der Schnitzelküche hielt.)

– Kalbsrücken mit Radicchio in Tempura

– Rumerdbeeren mit geschlagener Sahne

Kalbsrücken mit Radicchio in Tempura
Rezept für 4 Personen

Für den Kalbsrücken:
600 g Kalbsrücken, pariert
1 Rosmarinzweig
1 Knoblauchzehe
½ l Kalbsfond
Olivenöl, Salz und Pfeffer

Für den Radicchio in Tempura:
12 Blätter Radicchio der Sorte Variato
12 Blätter Radicchio der Sorte Trevisano
100 g Weizenmehl
100 g Kartoffelmehl
200 g Wasser, eiskalt
1 Eiweiß
Balsamicoessig
Salz, Pfeffer und Olivenöl

Zubereitung
Kalbsrücken:
Den Kalbsrücken salzen und pfeffern, zusammen mit dem Rosmarin und der halbierten Knoblauchzehe in Olivenöl auf beiden Seiten ca. 5–7 Minuten anbraten. Danach bei 80 Grad ca. 20 Minuten ruhen lassen. Den Kalbsfond auf die Hälfte einreduzieren.

Radicchio:
Die Radicchioblätter Variato mit Salz, Pfeffer, Balsamicoessig und Olivenöl marinieren. Die Radicchioblätter Trevisano in den Tempura geben und dann im heißen Fett bei 180 Grad 3 Minuten backen.

Anrichten:
Die marinierten Radicchioblätter auf den Teller geben und die gebackenen drauflegen. Den Kalbsrücken in Scheiben schneiden, dazulegen und mit dem Kalbsfond garnieren.

XVII

6. Juni 1923, St. Besenhard und Wawra

Delinquent: Donuald Snelphras

Nach Absolvierung des Schinderhannes-Gymnasiums in Idar-Oberstein schwankte der junge Donuald Snelphras, ob er sich an der Université Robespierre in Nancy zum Massenmörder oder an der damals neu gegründeten päpstlichen Bellarmin-Hochschule in Rom zum Großinquisitor ausbilden lassen sollte. Auf Anraten seiner Mutter, einer Diplom-Giftmischerin, ergriff er aber die Laufbahn des Menschenfeindes und erwarb den Grad des Dr. satn. an der Asmodäus-Hochschule in Wanne-Eickel.

Er machte sich sofort nach seinem Studienabschluß unbeliebt, weil er, was verheerende Folgen hatte, den Expressionismus, die Inflation, Luis Trenker, die Zwölftonmusik und die völkische Bewegung ins Leben rief. Er machte auch das von ihm so benannte „Fäustchen" populär, in das man sich lachen kann, wenn einem wieder einmal etwas Menschenfeindliches gelungen war. Snelphras ganzer Kummer war, daß ihn bei der Gründung der Partei „Nur Solche Deppen, Auf Passen!" ein anderer Menschenfeind, sogar ein nicht-diplomierter solcher, zuvorkam.

Aber es gelangen Snelphras zwei andere Großtaten. Er verstreute erfolgreich den Bazillus, daß alle Menschen gleich

welchen Geschlechts, welcher Rasse, welcher Religion die gleichen Hosen tragen müssen. Der Bazillus verbreitete sich langsam aber stetig, und zum 100. Geburtstag Snelphras' verabschiedete der Sicherheitsrat der UNO, daß ab sofort alle, die nicht die Snelphras-Hosen tragen, als verfemt zu gelten haben. Es handelte sich bei diesen Hosen um unförmige, sperrholzähnliche Gebilde von ans Blaue erinnernder Farbe, die von da an unausweichlich das Straßenbild aller Städte verunstaltete. Snelphras hätte sich, hätte er es denn erlebt, in das obengenannte Fäustchen gelacht, und zwar satanisch.

Zeitweilig, in der Notzeit nach der Niederlage im Ersten Weltkrieg und nachdem für einen Menschenfeind vorübergehend nicht mehr viel zu tun war, ging es Snelphras schlecht. Seine Einnahmen sanken. Er irrte von Gastwirtschaft zu Gastwirtschaft, um die Speisereste zu erbetteln, die andere Gäste stehen gelassen hatten. Er jammerte in Lebensmittelläden und Metzgereien herum, bis ihm Unverkäufliches nachgeworfen wurde, das er dann draußen vom Pflaster aufhob.

Da kam ihm eine Idee. Er entwickelte aus diesen Essensresten, die er zermantschte, zerrieb, mit Zwiebeln versah usw. ein angebliches Nahrungsmittel, dem er den Namen seines Erzfeindes geben wollte. Dieser Erzfeind hieß Gunnar Kleipisius, der Erfinder des Horoskops, das ursprünglich Horrorskop heißen sollte, was aber das Patentamt verbot. Kleipisius hatte seinerzeit für Snelphras ein Horoskop erstellt, aus dem hervorging, daß er ab seinem 49. Lebensjahr zu schrumpfen anfangen werde. Snelphras verzieh ihm das nie und wollte sich rächen, indem er, wie erwähnt, das neue angebliche Nahrungsmittel „Kleipisius“ zu nennen beabsichtigte. Das wurde aber von diesem durch eine dem Snelphras sofort entgegengeschleuderte Einstweilige Verfügung verhindert.

Daraufhin benannte Snelphras das Zeug nach der Geburtsstadt seines Erzfeindes, nämlich *Hamburg*. Dagegen konnte Kleipisius nichts machen, denn Snelphras behauptete, er habe damit nicht Kleipisius, sondern Störtebecker beleidigen wollen.

Wie nicht andres zu vermutet, ist dieses, nun nicht „Kleipisius“ benannte Zeug, dieses angebliche Nahrungsmittel eigentlich ungenießbar, außer wenn es ganz schnell gegessen wird, sodaß es einem erst graust, wenn man es bereits vertilgt hat. Als es dann auch nach Amerika drang, nannte man es dort *Fastfood*, was später als „Fast eßbar“ rückübersetzt wurde.

Aber nicht das war der Grund für seine Verurteilung, sondern eine andere, besonders tückische Untat. Er gab unter dem Pseudonym „Oswald Spengler“ ein Kompendium von wirrköpfigem Schwachsinn mit dem Titel „Der Untergang des Abendlandes“ heraus.

„Erst der Versailler Vertrag, dann auch das noch“, seufzte Reichskanzler Wirth und verweigerte die Begnadigung, sodaß Snelphras dann am 6. Juni 1923 um 8 Uhr früh hingerichtet wurde, die letzte Hinrichtung des Henkers und Kochs Bartholomäus Ratzenhammer. Selbstverständlich wies Snelphras das Ansinnen zurück, als Henkersmahlzeit einen seiner „Hamburger“ vorgesetzt zu bekommen. Er ließ sich von Ratzenhammer ein opulentes Mahl vorsetzen und sagte noch auf dem Gang zur Guillotine, daß er sich in dem Gedanken sonne, die Menschheit sei so dumm, daß ..., dann fiel das Beil.

Menü 17

Dem Henker gelang es, mit der raffinierten Kombination: Hamburger mit Pilzsauce den Delinquenten doch noch einmal im Leben – das letzte Mal – seine eigene Erfindung vorzusetzen. Zum Erstaunen des Henkers lehnte der Delinquent nicht ab.

Menü

– Fleischsalat mit Tomaten

– Fleischsuppe mit Brotstich

– Hamburger mit Pilzsauce

– Karpfen im Gartensud mit Kren

– Lammschulter vom Rohr mit Ofengemüse

– Apostelkuchen mit Käse
(Snelphras wählte dies anstelle einer letzten Beichte.)

Lammschulter vom Rohr mit Ofengemüse
Rezept für 4 Personen

Für die Lammschulter:
2 Lammschultern, ca. 1.600 g
200 g Gemüsefond
200 g Röstgemüse

Für das Ofengemüse:
50 g Petersilienwurzel
50 g Karotten
50 g Pastinake
50 g Topinambur
50 g blaue Kartoffeln
50 g gelbe Kartoffeln
50 g weiße Rohnen (= Beete)

Etwas Thymian
Etwas Knoblauch
Salz, Pfeffer, Olivenöl

Zubereitung
Lammschulter:
Die Lammschultern salzen und pfeffern. Röstgemüse und Olivenöl in einer Pfanne anbraten, die Lammschultern dazugeben und im vorgeheizten Rohr bei 180 Grad 1 Stunde braten. Mit dem Gemüsefond fleißig übergießen, danach bei 150 Grad 1,5 Stunden unter ständigem Übergießen weiterbraten.

Die Lammschultern herausnehmen und bei 80 Grad warmstellen, den Bratensaft durch ein feines Sieb seihen und bis zur gewünschten Konsistenz einreduzieren lassen. Wenn nötig, vor der Reduktion das Fett entfernen.

Ofengemüse:
Das geputzte Gemüse in eine beliebige Form schneiden, in einer Kasserolle mit Olivenöl bei mittlerer Hitze andünsten, evtl. mit etwas Gemüsefond übergießen und bei mittlerer Hitze ca. 20 Minuten garen lassen. Salzen und pfeffern.

Anrichten:
Das geschmorte Gemüse auf dem Teller verteilen, die Lammschulter von dem Knochen befreien, in Stücke schneiden, auf das Gemüse setzen und mit dem Lammfond beträufeln.

FOLIO VERLAG

Transfer

Sämtliche Bände 13,5 x 21 cm

Emilio Lussu — **Bd. LXXVI**
Marsch auf Rom und Umgebung
Gebunden mit Schutzumschlag, 224 S., ISBN 978-3-85256-365-7

Josef Oberhollenzer — **Bd. LXXVII**
Großmuttermorgenland
Gebunden mit Schutzumschlag, 108 S., ISBN 978-3-85256-379-4

Anita Pichler — **Bd. LXXVIII**
Flatterlicht
Gebunden mit Schutzumschlag, 184 S., ISBN 978-3-85256-380-0

Drago Jančar — **Bd. LXXIX**
Katharina, der Pfau und der Jesuit
Gebunden mit Schutzumschlag, 472 S., ISBN 978-3-85256-374-9

Michel Deguy — **Bd. LXXX**
Gegebend. Gedichte
Franz. Broschur, 160 S., ISBN 978-3-85256-398-5

Bora Ćosić — **Bd. LXXXI**
Die Vogelklasse. Prosa
Gebunden mit Schutzumschlag, 96 S., ISBN 978-3-85256-399-2

Giuseppe Zigaina — **Bd. LXXXII**
Mein Vater, der Widder
Gebunden mit Schutzumschlag, 152 S., ISBN 978-3-85256-400-5

Ernst von Glasersfeld — **Bd. LXXXIII**
Unverbindliche Erinnerungen
Gebunden mit Schutzumschlag, 232 S., ISBN 978-3-85256-401-2

Lászlo Márton — **Bd. LXXXIV**
Das Versteck der Minerva. Roman
Gebunden mit Schutzumschlag, 234 S., ISBN 978-3-85256-445-6

Vincenzo Consolo — **Bd. LXXXV**
Palermo. Der Schmerz. Roman
Gebunden mit Schutzumschlag, 232 S., ISBN 978-3-85256-446-3

Klemens Renoldner — **Bd. LXXXVI**
Man schließt nur kurz die Augen. Erzählungen
Gebunden mit Schutzumschlag, 166 S., ISBN 978-3-85256-447-0

Gerhard Ruiss/Oswald von Wolkenstein — **Bd. LXXXVII**
Herz, dein Verlangen. Lieder, Nachdichtungen. Band II
Gebunden mit Schutzumschlag, 152 S., ISBN 978-3-85256-448-7

Maria E. Brunner — **Bd. LXXXVIII**
Indien. Ein Geruch
Gebunden mit Schutzumschlag, 88 S., ISBN 3-85256-474-6

Herbert Rosendorfer/Kay Voigtmann — **Bd. LXXXIX**
Der Gnadenbrotbäcker. Ein Bilderbuch der Unberufe
Gebunden mit Schutzumschlag, 89 S., ISBN 3-85256-475-3

Sämtliche Bände 13,5 x 21 cm

Manfred Peters (Hg.) Bd. XC
Seitensprünge. Literatur aus deutschsprachigen Minderheiten in Europa
Gebunden mit Schutzumschlag, 253 S., ISBN 3-85256-476-0

Michael Hamburger Bd. XCI
Letzte Gedichte
Franz. Broschur, 180 S., ISBN 3-85256-477-7

Andrej Blatnik Bd. XCII
Ändere mich. Roman
Gebunden mit Schutzumschlag, 240 S., ISBN 3-85256-494-4

Erika Wimmer Bd. XCIII
Die dunklen Ränder der Jahre. Roman
Gebunden mit Schutzumschlag, 268 S., ISBN 3-85256-495-1

Martin Kubaczek Bd. XCIV
Sorge. Ein Traum. Roman
Gebunden mit Schutzumschlag, 280 S., ISBN 3-85256-497-5

Luis Stefan Stecher Bd. XCV
Korrnrliadr. Gedichte in Vintschger Mundart
Neuausgabe. Gebunden mit Schutzumschlag, 124 S., ISBN 3-85256-475-3

Michael Hamburger Bd. XCVI
Baumgedichte
Neuausgabe – zweisprachige Ausgabe. Fr. Broschur, 64 S., ISBN 978-3-85256-503-3

Michael Hamburger Bd. XCVII
Aus einem Tagebuch der Nichtereignisse
Neuausgabe – zweisprachige Ausgabe. Franz. Broschur, 144 S., ISBN 978-3-85256-504-0

Josef Oberhollenzer Bd. XCIX
Der Traumklauber. Eine Erzählung in 52 Träumen
Gebunden mit Schutzumschlag, 128 S., ISBN 978-3-85256-510-1

Gerhard Ruiss/Oswald von Wolkenstein Bd. C
So sie mir pfiff zum Katzenlohn. Lieder. Nachdichtungen. Band III
Gebunden mit Schutzumschlag, 174 S., ISBN 978-3-85256-527-9

Drago Jančar Bd. CI
Der Baum ohne Namen. Roman
Gebunden mit Schutzumschlag, 329 S., ISBN 978-3-85256-529-3

Toni Bernhart (Hg.) Bd. CIII
Johann Herbst: Das Spiel vom Eigenen Gericht
Franz. Broschur, 128 S., ISBN 978-3-85256-535-4

Ferruccio Delle Cave/Martin Hanni (Hg.) Bd. CIV
Lyrik im Gespräch. Der Lyrikpreis Meran
Gebunden mit Schutzumschlag, 120 S., ISBN 978-3-85256-530-9